ストレス革命

悩まない人の生き方

Testosterone
テストステロン

きずな出版

はじめに

「考え方に正解なんてない」を読者が体験できる史上初の本

おう、お疲れ。俺だ。Testosterone《テストステロン》だ。まずは軽く自己紹介させてくれ。俺のことを一言で説明すると「**筋トレ啓蒙活動をしている変なおじさん**」だ！　どうだ！　カッコいいだろ！　参ったか！　今日も筋トレしたし、明日も筋トレする！（いらない情報）

なぜそんなに筋トレ推しなのかを手短に説明すると、肥満児で勉強もできず何の取り柄もなかった10代のころに渡米して、筋トレに出逢ったことで人生が180度好転し、「こんな素晴らしいことはみんなにも教えてあげないと！」という想いが沸々《ふつふつ》と湧いてきてそのままの勢いで今に至っている。たぶん、宗教にハマった人が新たな信者を勧誘する活動に身を投じるのと同じ感じだ！（たとえの世間的イメージが悪い）

２０１４年からツイッターを始めて今ではフォロワーが１１０万人を突破（執筆時２０２０年６月）、筋トレに関する書籍も十数冊執筆し、おかげさまで累計発行部数は70万部を突破している。

本書は２０１９年に出版した『ストレスゼロの生き方』という本の続編である。と言っても、この本の内容は独立したものになっており、前作を読んでいなくても関係なしに楽しめる内容なので安心してくれ。

だが、今作と前作にはとあるギミックが利かされていて、併《あわ》せて読むと未だかつて味わったことのない革命的な読書体験が得られることをお約束したい。

前作では、ストレスがまったくない俺の生き方・考え方のエッセンスを１００項目に分類してみなさんにお伝えした。男女問わず下は10代、上は80代と、幅広い読者のみなさまに読んでいただき、自分で言うのもなんだが大絶賛の嵐だった。

感想が読者から届くたび、「自分、とんでもない名作を世に出してしまったのでは

「……」と震えていた…………自画自賛しても信憑性《しんぴょうせい》がないって？

いや、ホントなんだって！（笑） これでも食らえ！ 170＊を超えるアマゾンレビュー！（★5つのレビューに名作レビューが多いから★5つのレビューだけ読めばいいと思うよ……）

そんな歴史に名を遺《のこ》すであろう前作で、俺は次のように書いている。

「考え方に正解なんてない。『自分に合うなぁ』と思う考え方だけ自由に取り入れてくれたらいい」

「思考は武器みたいなもん。時と場合に合わせてもっとも適したものを選んで使えばいい」

そして、今作でもその主張は一貫して変わらない。考え方に正解も誤りもなく、その時々の自分の状況や立場によって最適な考え・行動なんて常に変わって当然だ。今回の本では、前作でも述べたそういった主張をみんなに読んでもらうだけではなく、実際に体験してもらい、これ以上ないほど完璧に理解してもらおうと思う。

＊2020年7月末時点

どういうことかと言うと、本書では

全100項目、前作の内容と正反対のことを主張する

という前代未聞の取り組みに挑戦した。これが先ほどお伝えしたギミックの全貌《ぜんぼう》である。**前作の自分、全否定。**本の著者というものは自分の過去の発言を強化することはあれど、否定はしたがらないものだ。俺の知る限り、こういったコンセプトの本が世に出たことは未だかつてない。世界初かもしれない前作全否定本である。もちろん、ただ単に新しくておもしろいだけではなく、**俺にはこの取り組みが読者の思考をより柔軟にし、ストレス社会日本を生き抜く助けとなる確信がある。**

「確証バイアス」という言葉をご存じだろうか？　これは認知心理学や社会心理学における用語で、自分の仮説や信念を検証する際にそれを支持する情報ばかりを集め、反証する情報を無視または集めようとしない傾向のことだ。確証バイアスに支配されると客観的なものの見方ができなくなり、誤った意思決定をしてしまう。

確証バイアスへの有効な手段としてクリティカルシンキング（批判的思考）がある。自分の主観に対して「なんで？」「どうして？」「それ本当？」と批判的意見をぶつけ、感情や主観に流されずに物事を判断する思考プロセスだ。ディベート（討論）などで多数派に対してあえて批判や反論をするグループをつくり、議論を活性化させたり、より自由な発想を促進するためのテクニック**「悪魔の代弁者」**というものがあるが、これなんかはクリティカルシンキングのわかりやすい実用例だ。

このテクニックは企業でも取り入れられている。たとえばECサイトの王者アマゾンでは「ベンチマーキング・チーム」というものがあり、社内のさまざまな部署のパフォーマンスを競合他社と比較して痛烈に批判することを仕事にしている。

つまり、ベンチマーキング・チームがアマゾンの会社にとっての「悪魔の代弁者」の役割を担っているわけだ。そしてさらに驚きなのが、ベンチマーキング・チーム内にも「悪魔の代弁者」役の人物がいるとのことだ。[*]創業者であるジェフ・ベゾスも、アマゾンを設立した当初から自分の意見に対して幹部たちが疑問を投げかけられる環境を意識的に作り、会社の行動や計画のほぼすべてを疑問視することを推奨したらしい。

＊『レッドチーム・イノベーション』ブライス・G・ホフマン／早川書房

また、アップル元幹部のスコット・フォーストール氏によると、俺たちの生活を大きく変えたアップル社のｉＰｈｏｎｅも、発端はスティーブ・ジョブズのマイクロソフト社に対する批判的思考のような形から始まったとされている。

マイクロソフトは、タブレット端末とタッチペンによってノートパソコンを変革する構想を持っていたのだが、ジョブズと交流のあったマイクロソフトの社員がそれをジョブズに「俺たちが変革を起こすから見てな」と自慢してしまった。自慢する相手としては地球上で最悪の相手だ（笑）。激おこぷんぷん丸だったジョブズは、出社するとその話を社内で共有し、「変革とはどうやって起こすのか奴らに見せつけてやろう」というような話になった。開発が進むにつれジョブズは「画面入力はタッチペンではなく指を使うべきだ」「タブレットはやめて携帯電話を開発しよう」と、どんどん既存のアイディアを批判的思考で革新していき、最終的にｉＰｈｏｎｅを生み出したのだ。[*]

本作では、俺自身が前作に対して批判的思考を適用し、「悪魔の代弁者」役をやる。徹底的に批判的な目で前作の内容を精査し、代案を述べていく。前作と今作を併せて読むことによって読者が得られるメリットは計り知れない。武器（思考）の数が２倍になるのだ

＊iPhone登場から10年、アップル関係者が語る誕生秘話（CNN）
https://www.cnn.co.jp/tech/35103453.html

からより柔軟に、より強くなるのは火を見るより明らかである。

俺自身は俺が最高に良いと思う考え方を前作で出し尽くしていたつもりだったので、それらに反論していく作業はハッキリ言って超しんどかった。だけどね、自分で言うのもなんだけどね、

今作も超良いんだこれが。

納得感のある前作と反対の主張をしているはずなのに、同等かそれ以上に納得感がある。良すぎて自分でもビックリしちゃったよ。とはいえ、過去の自分の思考に反論していく作業がとてつもなくしんどいことには変わりがなく、『ストレスゼロの生き方』『ストレス革命』の著者のくせにストレスをMAXに感じながら執筆していた。（著者失格）
ちなみに、これだけは絶対に誤解してほしくないポイントなのだが、俺は決して前作の内容を心の底から否定しているわけではない。否定的な立場を取ることにより武器の数を2倍にすることが狙いであり、実際、俺自身も時と場合によって手に取る武器を変えてい

る。なんなら、前作と今作とはまったく違う武器を生み出すこともある。考え方なんて自由なのだ。みんなも縛られなくていいんだからな。自由にいこうな。

前作『ストレスゼロの生き方』で救われたという人の中には、それと真逆の主張をしている本書を読んでショックを受ける人がいるかもしれない。せっかく受け入れた考えを否定されて、まるで自分が否定されたような気分になってしまう人もいるかもしれない。が、そんなときこそこのシリーズのメインテーマを思い出してほしい。

「考え方に正解なんてない。『自分に合うなぁ』と思う考え方だけ自由に取り入れてくれたらいい」

「思考は武器みたいなもん。時と場合に合わせてもっとも適したものを選んで使えばいい」

前置きが長くなっちまったな。

さて、始めようか。

Contents

第1章 やめない

Contents

第2章 捨てない

第3章 逃げない

Contents

第4章 受け入れない

第5章 貫かない

Contents

第7章 筋トレしない

装丁 金井久幸［ツー・スリー］
本文DTP 髙橋美緒［ツー・スリー］
イラスト 福島モンタ
マンガ アゲオカ

第1章
やめない

俺にはハナからやめるという選択肢などない。
やり続けるか、やり抜くか。
——Testosterone

!

WARNING

一発目からいきなりすまん!
歴史に名を遺すであろうこの本の記念すべき最初のコラム、「社会の用意したモノサシを使うのを、やめない」は初っ端からかなり厳しめの内容となっている。正直な話、俺自身もなんだかいけ好かない内容だなと思うし、読む人によってはストレスがゼロになるどころかストレスMAXになってしまうかもしれない内容だ。

もっと言い方をマイルドにするとか、違う主張の原稿に変えるなどの方法も考えたが、あえて厳しい内容のままにしたのは理由がある。
次のページの内容は、つい目を背けてしまいたくなる現実だが、見て見ぬふりをしてしまうと、のちのち更なるストレスを生み出しかねないからだ。耳当たりの良いことだけを言うこともできたが、それでは読者に対して不誠実だと思ったので遠慮なしで書かせてもらった。

現在、心が弱っている人は01を読み飛ばしてくれ。で、また元気になったときにでも読んでくれ。

自分で言うのもなんだけど、02からは天才的にバランスの取れた革新的で素晴らしい考え方ばかりなので期待して読んでくれ!

社会の用意したモノサシを使うのを、やめない

あなたが本当にやりたいことや向いていることが、いまの社会では高収入とか、高い地位とか、そういうものに結びつきにくいことがある。たとえば、あなたが誰よりもラッコを愛していて、ラッコの飼育をしているときが最高に幸せで、ラッコからも愛される天才的な飼育員だとしよう。あなたはラッコの飼育を天職とするべきだろうか？

俺の答えはノーだ。いくらラッコが好きだとしても、高収入を得られる可能性が少なく、社会的な地位も低い状況で*、ラッコの飼育はあなたを幸せにはしてくれないからだ。

「好きなことを仕事にすれば幸せになれる」「収入なんて大事じゃない」なんてのは世間を知らない奴が吐く戯言《ざれごと》だ。高収入だけが幸せじゃない。地位で人の価値は決まらない。それは間違いない。が、俺たちが生きている資本主義社会における幸せの土台には必ず金

＊俺は飼育員さんの社会的地位が低いとは思っていない。社会のモノサシの話をしているのでこういう書き方になってしまうことを容赦してほしい

と地位がある。この世には金がないと防げない不幸が多すぎる。金がないと次から次へと襲ってくる不幸に心を蝕《むしば》まれ、日銭を稼ぐために自分の成長には一切繋がらない単純作業／重労働に従事させられ、趣味に使う金もなければプライベートの時間すらとれない。

金がない奴の時間は金がある奴に買われてしまう。地位が低い奴は地位が高い奴にいいように使われる可能性が高まる。これが資本主義の残酷な真実だ。

悪いことは言わない。金を稼げ。ある程度の年収まで幸福と収入は比例する。金以外のモノサシを使うのは自分が生活していく上でストレスを感じないレベルの年収に達してからでいい。社会的地位を手に入れろ。〝◯◯大学卒〟〝商社マン〟〝部長〟という社会で人気のモノサシ／肩書を手に入れるだけで他人があなたを見る目が変わり、どれほど人生が楽で有利になることか。

俺は心を鬼にしてあなたたちに言いたい。**自分のモノサシは一旦ポケットにしまって社会のモノサシを受け入れろ。**社会のモノサシを受け入れず、自分のモノサシで生きようとするから苦しくなる。自分のモノサシを使うのは社会のモノサシをコンプリートしてからでも遅くない。

02

「コントロールできないこと」で悩むのを、やめない

もしもあなたが何か問題を抱えているなら、「この問題は自分にコントロールできるものか？」と自分に問いかけてみよう。もしそれが自分ではコントロールできない問題だとしよう。そこで思考を停止するな。**「このコントロール不可能な問題をコントロール可能な問題にするにはどうすればいいかな？」**ともう一歩踏み込んで考えてみるのだ。

たとえば、あなたは職場や公共の場でマスクもせずゴホゴホせき込んでウイルスをまき散らしている人が許せないとしよう。他人はコントロールできない。よって、この問題はコントロール不可能だ。

ここで、もう一歩踏み込んで考えてみる。すると、あなたの問題の根本は他人の行動ではなく、「ウイルスに感染したくない」という思いであることがわかる。そして、その問

題に対しあなたには自らがマスクをするという解決法がある。問題解決だ。コントロールできる部分、即《すなわ》ち自らの行動を変えることでほとんどの問題は解決できる。要は問題の解決方法を見誤らなければいいのだ。

さっきの例で言えばコントロールできない他人にどうにかマスクを着けさせようと悩むのが間違った解決法、自らがマスクをすることが正しい解決法。

ほかにも、たとえば悪口陰口噂話を言う連中に言い返して他人の行動をコントロールしようとするのは間違った解決法。それらを気にしないようマインドを整えることは正しい解決法。テルテル坊主を作り天候をコントロールしようとするのが間違った解決法、雨が降ってもいいよう万全の準備をしておくことは正しい解決法。自分を肯定するために他人の評価ばかり気にするのは間違った解決法、昨日の自分を超えていくことで自己肯定感を高めるのは正しい解決法。といった具合である。

コントロールできないからといってなんでもかんでも諦めていては話にならない。問題の本質を見極め、コントロールできない部分とできる部分を切り離し、コントロールできる部分に全神経を集中してコントロールできない問題すらもぶっ潰せ。

03

モチベーションを保とうとするのを、やめない

努力しようとしてもモチベーションが保てず続かないことがあるだろう。俺もよく「やる気が出ないいんですけどどうしたらいいですか？」という相談を受ける。冷たい言い方になってしまうが、俺はそんなとき「やる気が出ないならやらなければいいいんじゃない？」と答えている。モチベーションが保てないということは、それはあなたが心からやりたいと思っていることじゃないのだからやめたらいい。

とは言うものの、人生にはやる気が出ないけれどもやらねばならない局面が多く存在する。モチベーションが保てず悩んでいる人もそれがわかっているから悩んでいるのだろう。**人生には絶対に頑張るべき、費用対効果がメチャクチャ高いアクティビティが数多く存在する。**学業とか就活とか資格や語学の勉強、転職活動やダイエットとかね。そういった費

用対効果の高いアクティビティはモチベーションがあろうがなかろうが頑張っとこう。

どうしたらモチベーションを保てるか？　簡単である。「努力したほうがお得である」と脳に認識させたらよいのだ。もっとわかりやすく言うと、その努力をすることで何が得られるかを思いっきり妄想するのだ。

学業↓良い大学に入れる↓良い会社に就職できる↓良い収入が得られる↓モテる！

語学↓転職 or 給与UP↓より多くの人と意思疎通できる↓カッコいい↓モテる！

ダイエット↓自信がつく↓魅力的な体に↓モテる！

（すべてモテに帰結する必要はない笑）

こんな感じで、頑張ったら何が得られるかを明確に妄想してモチベーションを保つのだ。

人生にはやる気なんてあろうとなかろうとやらねばならないときがある。そんなときは妄想に走れ！　妄想して徹底的にモチベーションを保つのだ！

この本の執筆を終える↓共感の嵐↓読者が俺のことをちょっと好きになる↓モテる！

よし！　頑張って書くぞ！

04

心配を、やめない

心配しろ。心配は最高のサバイバルスキルだ。

進化心理学的*に見て、現代に生きている人類の祖先は心配する能力に長《た》けていたからこそ生き残ることに成功し自らの遺伝子を現代にまで残すことができた。「あの木の陰にいるのはライオンかもしれない」「未知の場所には危険が潜んでいるかもしれない」と、未来に起こり得る問題に対する感度が高かったからこそ彼・彼女らは生き残った。人間の「心配する」という本能は、サバイバルに必要だったからこそ今も我々のなかに本能として残っているのである。心配とはそれ即ち未来予測だ。**精度の低い心配はあなたにストレスを与えるだけだが、精度の高い心配はあなたのストレスを取り除いてくれる。**

起こるかどうかわからないが起こり得る未来の問題を予想し対策を考えろ。より良い未

*ヒトの心理メカニズムの多くは進化生物学の意味で生物学的適応であると仮定しヒトの心理を研究するアプローチのこと

来を生きていくために最悪の事態を想定し行動しろ。「心配しても無駄だから」と考えることを放棄したら一時はストレスも減るだろう。が、そんな楽観的な考えでは将来的にさまざまなトラブルに遭遇しストレスは倍増してしまうことは目に見えている。何も考えないのはポジティブなのではなく単なる思考停止だ。

心配をやめるな。脳みそが汗をかくぐらい心配しまくれ。ありとあらゆる事態を心配しろ。そして、考え得るありとあらゆる事態を心配し尽くしたら、思考の臨界点に到達したら（もうこれ以上は考えても無駄だというポイント）、心配などスパッとやめて思い切って一歩を踏み出そうじゃないか。最悪のケースも想定済みなら恐れるものは何もない。未来の余計な心配を減らすために今メチャクチャ心配しとけ。

ところでみなさん、カカポというニュージーランド固有種のオウムをご存じだろうか？カカポは安全な環境に生息していたため、進化の過程で捕食者・脅威に対する反応（心配）を失ったらしい。それが原因の1つとなって野生環境では生存が難しく、絶滅を避けるため人間に保護されている（やっぱ少しは心配したほうが良さそうだね！）。ユーチューブに動画があり、警戒心ゼロで人間に懐いていて可愛すぎるので是非チェックしてほしい。

05

理不尽を受け入れるのを、やめない

生きていると、理不尽な理由でなぜか自分が怒られたり責められたりすることがある。たまたま上司の機嫌が悪いとか、運悪くクレーマーに遭遇してしまったとか、そういう理不尽な出来事が起こるのは珍しいことじゃないし、こればっかりは時の運なので避けられることでもない。

理不尽な目にあってしまったら、自分には非がないからと堂々と開き直ってしまえばいいだろうか？　否《いな》、理不尽にあうたびに抵抗していてはあなたの人生に無駄な争いが無限に生まれてしまう。生きていれば理不尽なことは絶対に避けられないのだから、**理不尽を受け入れるのをやめるのではなく、理不尽をいなす術《すべ》を身につけなければならない。**

もちろん大前提として、理不尽は真に受けないのが一番だ。「自分のせいかな……」とか「私はダメだな……」とか思う必要は一切ない。それを前提としたうえで、理不尽に上手に対応する術が必要だ。理不尽な目にあったときは役者にでもなったつもりで理不尽にじっと耐え、相手の望む言葉を吐き、相手をうまく手のひらで転がし、一刻も早く理不尽な状況から抜け出すことがあなたのとれる最善の選択である。

悲しいかな、理不尽なことをしている相手は理不尽なことをしているという自覚すらない。よって、あなたがそれを理不尽だと指摘することや悪い態度をとるという行為は火に油を注《そそ》ぐ行為に等しい。理不尽な場がさらに燃え上がりよりいっそう理不尽な場と化すであろう。それは避けたいよな。だからこそ、理不尽な目にあったときは**「理不尽を理不尽と気づけない人なんだなぁ。周りからも迷惑がられてるんだろうなぁ。お気の毒になぁ……」**とでも思って軽くあしらえばいいのだ。

この世には理不尽が多すぎるから、理不尽な目にあうたびに拒否反応を起こしていては前に進むことができない。**理不尽は航海における荒波みたいなもんだ。正面からぶつかるのではなく、うまく乗りこなせ。**人生は短い。理不尽に構ってる暇なんてねえ。理不尽に呑まれることなく器用に人生の航海を進めていこうではないか。

06

夢を持つのを、やめない

「夢なんて持つな。現実を見ろ」と、多くの人が言う。たしかに、夢じゃ飯は食えないし夢だけで渡っていけるほど人生は甘くない。だが、個人的には夢を持つことを強くおススメしたい。**夢は自分が人生をかけて目指すゴールだ。ゴールが明確になれば最短距離で一直線に突き進める。**それに、夢に向かって突き進む日々はあなたの人生を輝かせてくれる。毎日が楽しくなるし、日々が充実する。普通の人は睡眠中にしか見られない夢を、夢を見つけた人間は四六時中見ることができる。そんな素晴らしい夢を持たないなんて、どう考えてももったいないと俺は思うのだ。

とはいえ、「君の夢はなんだ?」と問われて即答できる人はかなり少ないのではないか。むしろ「自分のやりたいことがわからない」「いまの仕事が天職じゃない感覚はあるけど、かといってやりたい仕事があるわけじゃない」と苦しんでいる人が多いように思う。

往々にして、夢が持てなくて苦しんでいる人は夢を崇高《すうこう》なものとして捉えすぎている。「夢は立派なものじゃなければいけない」「夢は大きくなければいけない」ｅｔｃ……と、夢を神格化してはいないだろうか？　そんなあなたに俺は伝えたい。**夢なんて超プライベートなものであり、言いたくなけりゃ他人様に言わなくたっていいし、崇高である必要なんて全然ないと。**

夢とは言い換えれば私利私欲だ。夢＝ただの願望。「死ぬ間際まで筋トレできる健康体でいたい」だって「大切な誰かと幸せな老後を過ごしたい」だって「生きてる間にできる限り多くの芸術やコンテンツを消費したい」だって「南の島で暮らしたい」だって、どれも立派な夢だ。メチャクチャ良いじゃないか。

自分の欲しているものを明確にし、それを最優先して生きられるようになるために使う指針が夢なのだ。指針があれば選択を間違えずに済む。夢は他人にドヤ顔で語るためにあるわけじゃない。夢は自分の人生をより充実させるためにある。

さあ、そう考えたら夢が思いつきそうな気がしてこないかい？　夢を持とうぜ。

07

悲観するのを、やめない

悪い出来事が立て続けに起きると「もうダメ……」とか「自分は本当に不運だ……」などと感じてつい投げやりになってしまうこともあるだろうが、まあ落ち着け。

悪い出来事ってのは基本的に一気に起きるもんだ。たとえば病気になれば医療費がかかり、長引けば職を失う。職を失えば収入がなくなり、自暴自棄になり、体調も気分も最悪、性格も暗くなってしまい、恋人や友人まで失うかもしれない。負の出来事ってのは基本的に連鎖する。

ということで、**悪い出来事が起きたら徹底的に悲観しろ。**「次はどんな悪い出来事が起きるのだろう……」と悲観しまくるのだ。ただし、悲観だけで終わるな。**悲観して、そして対策を打て。**悲観することにより未来に起こり得る悪い出来事の可能性が見えていればあなたはそれらに対して対策を打つことができる。未来を常に悲観することで慢心せず自分の人生を丁寧に生きていけるのだ。

「病気になるかもな……」と悲観していれば健康に気を遣うようになるし、「職を失うかもな……」と悲観していれば失業保険に関して詳しくなったり、いつ職を失ってもいいようにプログラミングや語学等の汎用性のあるスキルを学ぶ動機になるし、「恋人や友人を失うかもな……」と悲観していればそんな結果になってしまわぬように彼／彼女らをより一層大切にすることができるだろう。

悲観して悪い出来事が起こる未来が見えているからこそ、それが現実のものとならないように行動することができる。

どんどん悲観していこう。

そして、悲観した未来が起こってしまわぬようガンガン行動していこう。

悲観して見えた未来の悪い出来事を、〝今〟行動することにより徹底的に潰すのだ。俺はこれを**攻撃型悲観**と呼んでいる。さあ、攻撃型悲観を始めようか。

08

うまくいって当然と思うのを、やめない

何かに挑戦する前から、「自分には才能がないからうまくいくはずがない」とか「あんな問題もあるしこんな問題もあるな……」と、うまくいかない理由ばかり探してしまう人がいる。俺からすれば**「いや、挑戦する前から気持ちで負けてたらそりゃうまくいかないよ」**である。うまくいきそうにない理由なんて無限に見つかるものだ。挑戦しないことこそが最大の失敗だと覚えておこう。

さて、どうしたら「うまくいって当然」と思えるようになるだろうか？　答えは簡単である。うまくいくまでやり抜くと覚悟を決めればいいだけの話である。

挑戦すればいくつもの困難が襲い掛かってくるだろう。そこで諦めればお終いだが、最後までやり抜く覚悟さえあればそれらは単なる学びに過ぎない。失敗は挑戦を諦めたとき

に真の失敗となるが、失敗から学び挑戦を続ける限り、失敗は単なる経験値なのである。覚悟さえあれば遅かれ早かれ成功はつかめる。ハッピーエンドが待っているとわかれば、「うまくいって当然」の境地に達することができるであろう。

ところで、社会はドリームキラーと呼ばれる人間たちであふれている。「君には無理だよ」とか「社会はそんなに甘くないよ」と希望に満ちあふれた人たちのやる気を全力で削ぎに来る連中だ。そんな連中はガン無視でいい。そいつらの言うことにも一理ある。たしかに社会は厳しい。が、実際のところ「社会は厳しい」ではなく「社会は（挑戦しない人に）厳しい」が正解だ。ほとんどの人間はドリームキラーにやる気を削がれて挑戦すらしない。競争相手が戦う前から一気にいなくなるのだ。

社会は明確な目標と行動力があって継続的な努力ができる人間には割と甘い。だから、叶えたい目標があって「なんかできる気がする」「イケる気がする」と思うならいっとけ。**イケる気ってのは宝物だから大事にしろ。**身の程なんて年取ってから知りゃいいんだ。やりたいことあるならうまくいって当然だと思ってやってみな。

未来の成功者たちよ、成功したらプロテインでもおごってくれ。楽しみにしてる。

09

すべての人とわかり合えると思うのを、やめない

世の中にはどうしても「話の通じない人間」ってのがいる。というか、メチャメチャいる。話の通じない人間と関わらずに生きていけたらそれがベストなのだが、社会で生きていく上でそれはほぼ不可能と言っていいだろう。

であるならば、彼／彼女らとわかり合う術を見つけなければいけない。俺は国内外においてさまざまな話の通じない人間たちと触れ合ってきたが、たどり着いた1つの考え方がある。それは、**「共感はできなくとも、理解はできる」**という考え方である。

同じ人間だ。共感はできなくとも理解できないはずがない。自分に持ちうる限りの想像力をフル稼働させて相手がなぜそのような行動をとるのか、相手の狙いはなんなのか、そもそも狙いなんてないのか、と考えを突き詰めていけば必ず相手を理解できるはずである。

たとえば、クレーマーの場合。「どういう経緯でクレーマーになってしまったのかな？」「家庭環境が悪かったのかな？」「寂しいのかな？」「私を困らせてストレス解消したいのかな？」とその人の人生や動機について思いを巡らせていく。論破しないと気が済まない人の場合。「ご両親にそう育てられたのかな？」「自分に自信がないのかな？」「何か嫌なことでもあったのかな？」と思いを巡らせていく。

すると、怒りよりも先に同情が、そして、共感とまではいかなくともその人に対する理解が湧いてくる。そこまで達観《たっかん》できれば、酷い言葉や態度に対しても冷静に対応できる。そして、相手の動機が見抜けるようになればあとは相手の動機を満たす自分を演じればいいだけなので、話の通じない人間の扱いが飛躍的にうまくなるだろう。

ところで、話の通じない奴の特徴として**「断定口調を使いがちでしかも偉そう」**ってのはあるよな。本来は賢くなればなるほど自分がいかに何も知らないか気づいて断定口調で話さなくなるし、偉くなればなるほど偉そうに振る舞う必要がなくなり他者に丁寧に接するようになる。断定口調で話す奴や偉そうな奴は１００％話が通じないアホだよ。

しかしお前ら、俺の貴重な話が聞けて本当に良かったな？　心の底から感謝しろよ。

10

嫌われたくないと思うのを、やめない

「嫌われないことなんて不可能だから嫌われても気にするな」という発言にはある程度の説得力がある。たしかに、誰からも嫌われないことなんて不可能だ。

だが、嫌われないことが不可能だからといって嫌われたくないと思うのをやめてしまうのはおススメしない。なぜなら**嫌われないことは人生においてメチャクチャ大切**だからだ。

嫌われてしまうとあなたの目標がなんであれ達成が遠のく。助けてもらえないし、邪魔もされるし、情報も共有されないし、大多数の人間に嫌われていいことなんて1つもない。

「嫌われないなんて不可能だから気にせずいくぜ！」と他者にまったく配慮しない生き方をして大多数に嫌われてしまうのと、**自分のやりたいことは曲げないが、他者を傷つけぬよう、不快にせぬよう、最大限に配慮した上で嫌われてしまう**のではまったく話が違う。

後者は仕方がないが、前者は人としてよろしくない。

とはいえ、嫌われたくないという思いが強すぎて自分のやりたいことを我慢してしまったり、やりたくないことをやってしまうのも問題だ。嫌われたくないという思いが強すぎると自分の人生を生きられなくなる。

よって、**嫌われたくないという思いを行動の軸にはするな。行動の軸は常に自分に置こう。**行動の軸を自分に置いたうえで、他者に嫌われないよう配慮して生きるのだ。我《が》は通すが他者をむやみやたらに傷つけず、不快にせず、思いやりを持って行動する。そんな生き方を俺は提唱したい。


俺、嫌われるよりも愛されたい。

愛されたい！！！


あ……気を抜いたらついホンネが……（テレ

11

ウソを、やめない

ウソをつきまくれ！と言ったら驚かれるだろうか。たしかに、自らの利益のためにつくウソは悪だ。他者を傷つけてしまうようなウソは最悪だ。だが、すべてのウソが悪だというわけでもない。**本音が悪で、ウソが善という場合だってあるのだ。**

たとえば、「私は太っているから……」とか「俺はブサイクだから……」と容姿に自信がなく、今にも自尊心が崩壊してしまいそうな相手に対して「そうだよね。あなたはデブだよね。痩《や》せたほうがいいよ」とか「本当にブサイクだよね。整形したら？」とか本音で話したらダメである。たとえウソだとしても「そんなことないよ！」と励まし、彼／彼女らの崩壊しそうな自尊心を立て直してやることがこの場合の正解だ。

「サンタさんはいるの？」と子どもが聞いてきたときに「あのね、サンタさんはいないんだよ。プレゼントは君の両親がアマゾンで買って、君が寝ている間にコッソリ枕元に置いているんだ。両親に感謝するんだよ」と本当のことを言ってしまうのもどう考えてもNGだとわかるだろう。「サンタさんはいるよ！　メル友だよ！　◯◯が今年も良い子にしてたってあとでメールしておくね！」ぐらいド派手にウソをついて子どもの夢を壊さないことがこの場合の正解だ。

その他にも、仕事で大きな失敗をして今にも首をくくりそうな人がいたら、「うわー、コイツのキャリア終わったわ」と思っても、「大したことないよ！　俺なんて昔もっと酷いミスしたよ！（ウソ）1年後には笑い話でしょ！（実際、どんな大きなミスも時が経てば笑い話になるから安心してほしい）」とウソでも励ましてやるのが正解だ。

自分の利益のためのウソはつくな。だが、**自分のためではなく、相手のためなら時としてウソを解禁しちゃおう。**あなたの目の前の人が今一番必要としている言葉がウソという場合だってある。あなたのウソが他者を救うことだってある。そんな素敵なウソを、俺はあなたについてほしい。

12

全力投球を、やめない

ハッキリ言っておくぞ。**全力投球しない人が成功することは絶対にない。**考えてもみてくれ。あなたが狙っているポストを目指す奴らが日本中、世界中にウジャウジャいる。人生を競争に例えるのはあまり好きじゃないが、現実的な話、人生は競争だ。商社で働きたい人は商社で働きたい他人と競争しているし、マンガ家になりたい人はマンガ家になりたい他人と競争している。目標を叶えたければあなたはこのレースに勝たねばならない。

本人が納得できるなら「レースに負けたっていい。人生は競争じゃない」と全力を出さずにゆるーく気楽に生きるのも1つの選択肢だが、全力を出して頑張った奴が富、名声、その他もろもろを手に入れ、あなたは何も手に入らなかったとしても責められるのは自分だけだと覚えておいてくれ。強迫観念が止まらないほど競争を意識するのはおススメしないが、**人生はレースだと割り切って、ある程度の順位に食い込めるよう頑張ることを俺はおススメしたい。**この世界は頑張った奴に甘い。そして、頑張らなかった奴に厳しい。俺はあなたに幸せになってほしいから頑張ってほしい。アメリカにこんな言葉がある。

「夢の実現に全力を尽くせ。さもなくば君は誰かに雇われ他人の夢の実現のために全力を尽くして人生を終えることになる」

人生は短い。どうせなら自分の夢の実現のために魂を燃やし尽くすほど全力投球がしたくないか？　勘違いしないでほしいが、この言葉は雇われることを批判しているのではなく、全力投球をしない姿勢を危険視している。そして、俺は何も寝る間も惜しんで頑張れと言っているわけじゃないからな。筋肉をつける最速の道が1日10時間筋トレすることではなく、1時間前後の筋トレ、食事管理、8時間前後の睡眠であるように、目標達成のためにはただガムシャラに頑張ればいいってわけじゃない。

目標を決め、最善の道を見極め、持続可能でもっとも効率的な努力をする。俺の言う全力投球ってのはそういうことだ。健康を失ったら元も子もないから無理のないギリッギリの範囲で全力投球していこうな！

13

自分と他人を比べるのを、やめない

自分と他人を比べろ。比べて、比べて、比べまくれ。他人という指標がなければ自分の能力を正確に推し量ることができない。他人と比べることにより初めて自分のどこが他人より優れており劣《おと》っているかわかるのだ。そこで得られた情報をもとに、あなたは自分の能力のどの部分を伸ばし、どの部分を伸ばしていかないかを決めていける（選択と集中）。資本主義の世の中では希少性の高い能力にはそれ相応の対価が支払われる。

もちろん、「その能力が社会から求められている」という前提の話だが、能力の差別化が図れていれば図れているほどあなたの希少性は増し、収入や社会的評価等、得られる対価も増す。

あなたの能力の高低は絶対値によって決まるわけじゃない。相対値によって決まる。たとえば、優秀な人材がたくさんいる東京においてTOEIC《トーイック》が600点という能力にそこまで高い評価は期待できない。同じ人を日本のどこかの英語ができる人が皆無《かいむ》の山奥の村に移してみよう。この人の希少価値は一気に上がり引く手あまたの人材となるだろう（そもそもそんな場所に会社があるかどうかはおいといて！）。他人と比べることにより、いや、他人と比べることでしか自分の能力の真価が推し量れないことがわかっていただけただろうか？　**他人は最高にして唯一の指標なのだ。**比べない手はない。

ただ、自分と他人を比べることにより生まれる劣等感や優越感には気をつけよう。あくまでも自分の能力を的確に把握するためだけに自分と他人を比べるのだ（これが難しいんだけどね……）。俺のアドバイスとしては、**「劣等感も優越感も抱いてOK。罪悪感を覚える必要なんてない。だが、抱くなら爽やかに抱け！」**である。

劣等感や優越感を抱かない人間なんていない。抑えようとするのがそもそも無理なのだ。だったら、「はぁ。自分は劣ってるなあ。このままで終わってたまるかこんちきしょー！」とか、「よっしゃ！　自分は優れてる！　もっと頑張って上に行こう！」と爽やかに劣等感も優越感も抱いてしまえばいいのだ。さあ、どんどん比べていこう。

14

許可を求めるのを、やめない

人生において大事な決断をするときは身の回りの大切な人たちの許可を取ることがはじめの一歩だと心得ておこう。どんな挑戦をするにせよ、周囲の人たちに理解してもらい、応援してもらえたほうが心晴れやかにスタートを切れる。

周囲の人間の反対を押し切りスタートを切ると、得られたはずの心理的サポートや金銭面での応援もなしで挑戦に臨《のぞ》むことになる。自分の行動が大切な人たちを傷つけていると思うと気分も乗らない。せっかく挑戦するならベストコンディションで臨みたいよな？

悪いことは言わない。身の回りの大切な人たちの理解は得ておけ。

もちろん、最終決定権はあなたにある。だが、身の回りの大切な人たちに敬意を持って自らの志《こころざし》を丁寧に何度も何度も説明し説得するぐらいの律義《りちぎ》さは持っておこう。律義な姿勢を欠いては何をするにしても成功はない。それにね、身の回りの人すら説得できないのであればあなたは誰も説得できないし、遅かれ早かれ挫折《ざせつ》することになる。これから始まる挑戦のウォームアップだと思って、きっちり説得して挑戦を始めようじゃないか。

とはいえね。うん。究極に頭でっかちで説得不可能な人って存在する。世代が違うと特に。ご両親とか、おじいちゃんおばあちゃんとかね。もうね、最終手段は誰の許可も得ずに突っ切ることだ。あなたの人生だから、あなたの生きたいように生きればいい。ただ、**その決断を下す前にやれることは全部やろう。**反対する人たちもあなたの幸せを強く願うからこそ反対している。根底に愛があるからあなたの人生に口出ししてくる。そこには感謝して愛を感じつつ、そんなあなたを愛してくれている人たちの許可が得られたら最高だ。

もし、この本を読んでいる人で反対している側の人がいるならひとこと言わせてくれ。大切な誰かがあなたの理解できない道に進もうとしていたら不安になる気持ちもわかる。でもね、あなたは良かれと思っていても生き方を強制した瞬間にあなたはその人の〝己の心に従って自由に生きる〟という人生においてもっとも大切で楽しい権利を奪ってるんだ。

強制したらダメです。

15

無駄な努力を、やめない

何かに本気で打ち込むことを努力と定義するのであれば、この世には無駄な努力など存在しない。受験合格とか大会で優勝とかわかりやすい形で結果が得られないと無駄な努力が存在するかのように錯覚してしまうが、それは違う。**努力のリターンは成功じゃない。成長である。努力したら必ずしも成功するわけじゃないが、成長は必ずできる。**成功という軸で見たら無駄な努力はあるが、成長という軸で見たら無駄な努力など存在しないのだ。

そして、努力によって得た成長や経験はあなたの血肉となり今後の人生の中で活きてくるときが必ず来る。「Connecting The Dots（点と点を繋げる）」は、2005年にスタンフォード大学卒業式スピーチでスティーブ・ジョブズが放った伝説的な名言だ。メッチャ割愛《かつあい》すると「今あなたが一生懸命になっていることを信じて全力でやりなさい。人生を振り返ったとき、あのときの努力は今この瞬間のためにあったんだと思えるときが必ずくる。点と点が繋がり、線になるときが必ずくる。自分を信じて」的なことを言っている。

ジョブズの場合は、若かりし頃に夢中になって学んだ一見ビジネスの役に立たなさそうなカリグラフィー（文字を美しく見せる手法）が彼の美意識に多大なる影響を与え、フォントの誕生のキッカケとなり、美しいタイポグラフィを内蔵した初めてのコンピューターを世に発表することに貢献した。後のアップルの成功は説明不要だろう。

俺の場合だとなんだろう。ただ筋トレが大好きでより良い筋肉を手に入れようと努力しながらツイッターをやってたらフォロワーが１１０万人を突破したのがそうだろうか。でも筋トレはそもそもメッチャ役立つしなぁ……筋肉は絶対に裏切らないし……はぁ……筋肉……スキ♡

脱線しましたすみません。兎《と》にも角《かく》にも、**俺たち人類は何が無駄な努力で何が無駄じゃない努力かを見極められるほど賢くない。**たとえ他人からは無駄な努力だと言われようと、ときに自分自身で自分を信じられなくなったときも、自分の心に素直に従い、やりたいことに本気で打ち込み続けてくれ。点と点が繋がるときが必ずくる。

16

お人好しを、やめない

お人好し。あまりに優しすぎて周りに利用されて損ばかりしてしまう人のことだ。たしかに生きづらいかもしれない。だが、**俺はお人好しをとてつもない才能だと思っている。**何度搾取《さくしゅ》されようと、何度痛い目を見ようと、ひたすらにお人好しであり続ける人の思いやりの心が、優しさが、他者貢献の精神が、俺は本当に大好きでとても尊敬している。

優しさはときに弱さと勘違いされる。あまりに優しすぎると、それを利用しようとするあくどい連中が寄ってくる。では、だからといって他者に優しくするのをやめるべきだろうか？　俺はそうは思わない。その理屈では世の中がとても悲しいものになってしまう。

優しくあることがリスクとなってしまう世の中がどれほどむなしい世の中か想像がつくだろうか。悪いのはあくどい連中であって、お人好しの人はなんにも悪くないのだ。変わるべきはお人好しの人ではなくあくどい連中のほうである。

また、お人好しであることは何もマイナス面ばかりではない。困っている人を助けないという選択は誰にでもできるけれど、「助けてあげたらよかったな」「自分って冷たい人間だな」という罪悪感は簡単にぬぐい切れるものではない。自分に嘘はつけないのだ。逆に、**お人好しの人はそういった罪悪感とは無縁で、自分のことを好きでいられるだろう。**自分で自分を好きでいられるというのは、何物にも代えがたい価値である。

世の中には因果応報《いんがおうほう》という言葉もある。あなたの優しさは巡り巡って必ずあなたに返ってくる。あなたの優しさによって人生が救われたという人がいつかきっとあなたに恩返しをしてくれる。あなたがお人好しなら、どうか、どうか、腐らずそのままでいてほしい。あなたのような存在は人類の宝だ。

とはいえ、「お人好し＝搾取対象」と考える連中もいるのは困ったもんだ。さて、ここで筋トレを紹介します。筋トレをして筋肉をつけると見た目だけで「弱者ではない！」と世界に訴えることができるので、利用されることがほぼなくなります。

お人好し×筋肉は最強の人生戦略の1つです！　筋トレしましょう！

17

他人に期待するのを、やめない

すべてのイライラは期待から生まれる。「こうしてほしいな」という期待だったり、「こうあるべきだ」という期待をして他人がその期待に応えないとイライラする。よって、期待をやめてしまえばイライラすることもなくなる。

だが、考えてもみてくれ。**他人に期待しない人生って虚《むな》しくはないだろうか？** 良い意味でも悪い意味でも精神は安定するだろう。どういうことかと言うと、人間関係でイライラすることはなくなるがワクワクすることもなくなってしまうだろうということだ。他人に期待しないとは他者に対する不信であり、人間関係の煩《わずら》わしさと同時に、「この人に出逢えてよかった！」「この人と一緒にいるだけで幸せ！」というような人間関係の醍醐味《だいごみ》も奪い去ってしまうものなのである。

人間関係は期待をしたりされたり、信頼を置いたり置かれたりすることで深みを増していく。期待しない姿勢では深い人間関係など築けないのだ。

「あなたには何の期待もしてないからね」と親に言われたら子どもはどう思うだろうか？

「お前には一切期待してないから」と上司や友人に言われたらどう思うだろうか？

悲しいよね。悲しくてやる気なくなっちゃうよね。期待されないと悲しいということは、期待とは本来とても良いものである証拠である。**期待とは愛情表現の一種だ。**期待されると嬉しいし、期待してくれる人がいるから頑張れたという経験がみなさんにもあるだろう。

ということで、期待するのをやめたらいけない。

ただ、少し注意してほしいこともある。期待と価値観の押しつけは違うということだ。

例を挙げよう。「あなたはこう生きるべきだ」と期待することは単なる価値観の押しつけ。

こういう期待の仕方はプレッシャーにしかならず双方を不幸にする。「あなたには納得のいく人生を生きて幸せになってほしいな」が適度な期待。その期待の根底には相手への信頼がある。こういう期待は期待される側に愛されているという安堵《あんど》感と、期待に応えて頑張りたいというモチベーションを与え双方を幸せにする。さあ、正しく期待しよう。

18

深い人間関係を築くのを、やめない

人間関係で俺が意識していることがある。**「深い人間関係を築くことには全力を使うが、浅い人間関係は一切持たない」**ということだ。お付き合いだとか、ただなんとなく寂しいからとか、嫌われたくないという理由で浅い人間関係を続けることは絶対にしない。

人間関係と聞くと「人脈を広げなきゃ」とか「空気を読んでみんなの中に溶け込まなきゃ」と思うかもしれないが、それは違う。人生は短い。仕事ならともかくプライベートでまで一緒にいて気分悪くなる連中と過ごしている時間なんて1秒もないのだ。

人間関係は諸刃《もろは》の剣である。人間関係でメチャクチャ救われることもあるし、人間関係でとんでもないストレスを被《こうむ》ることもある。だが、いいニュースもある。どの人間関係が良質であり、どの人間関係が悪質か見分けるのはそう難しくないことだ。**その人と交流し**

ていて生まれる幸せの和が不幸の和より大きければ良質、幸せの和が不幸の和よりも小さければ悪質というとても単純な話である。浅い悪質な人間関係に価値などない。ストレスを生むだけだ。浅い悪質な人間関係は思い切ってぶった切ることを強くおススメしたい。

さて、浅い悪質な人間関係をぶった切ると可処分時間が増える。今度はその時間を良質な人間関係に再投資してほしい。良質な人間関係に時間を投資することで、深い良質な人間関係を築くのだ。**人間関係において大切なのは広さではなく深さだ。**たった一人でもあなたを理解し、受け入れてくれる味方がいればあなたの世界は変わる。無敵になれる。他人の目など気にならなくなるし、自信を持って信念を貫き通すことができる。

世の中の大抵のことは自分の力で解決できるが、最後の最後、ドン底にいるあなたを救ってくれるのは人の温情だったりする。人は想像以上に優しく温かいのだ。人を大切にして深い良質な人間関係を築くことは幸せに直結する。

浅い悪質な人間関係に時間を奪われ、深い良質な人間関係に使う時間がなくなってしまっていては本末転倒だ。浅い悪質な人間関係は容赦《ようしゃ》なくぶった切り、深い良質な人間関係を築くことのみに集中しよう。

19

見返りを求めるのを、やめない

見返りを求めろ。何か行動を起こすときは常に「見返りとして何が得られそうか？」という視点を忘れるな。それぐらい打算的にいかないと、あなたはこの先の人生で損ばかりすることになる。

「情けは人の為ならず」という言葉がある。この言葉は誤用されやすいが、「情けは他人にとって良くないものですよ」という意味ではない。真意は「他人に情けをかければ巡りめぐってあなたに返ってきます。よって、情けは他人の為ではなく自分の為にかけるものなんですよ」である。要は、他人に何かしたら必ず何かしらの見返りがありますよと教えてくれている。昔の人は賢い。人の良心に訴えるのではなく、シンプルに**「他人に親切にしたら自分が得するから親切にしたほうがよくない？」**と訴えているのだ。返報性の原理という言葉を知っているだろうか？　簡単に言うと人から何かしてもらったときに「何かお返しをしないと！」と思ってしまう人間の心理作用だ。この原理はとても強力なのでビジネスはもちろん、詐欺師の常套《じょうとう》手段だったりする。よって、打算的に見返りを求めて多くの人を助けたり親切にしたりするのは社会を生き抜く戦略としては大いに正しい。

ただ、1つ覚えておいてほしいことがある。それは、**たとえ見返りがなかったとしても他人に文句を言う権利はない**ということだ。「～してあげたのに」とか「私はいつもこんなにしてるのに」とか恩着せがましいことを言って相手を責めたらダメだ。見返りを求めて誰かに親切にするのは自分の時間を投資することに等しい。株式投資と一緒だ。投資は自己責任。自己判断で自分の時間を他人に投資した以上、期待していた見返りを他人がくれなくても文句は言えない。それぐらい割り切らないと見返りを期待しては裏切られ、期待しては裏切られの連続で精神も安定しない。見返りを求めろ。限りなくドライに。

ところで、俺はめっちゃツイッター頑張って良いコンテンツを提供してあげてるのに、ツイッター社がぜんぜん俺にオフィシャルマークをくれない。あのブルーのカッコいいマーク……こんなに頑張ってるのに……。

20

相手の期待に応えるのを、やめない

相手の期待に応えて応えて応えまくれ。期待値を大幅に上回って驚かせてやるぐらいで丁度いい。相手の期待を上回った価値を提供することであなたの株はどんどん上がっていく。それを続けていると、あなたの良い噂がコミュニティ／業界内でも広がっていき、みんながあなたに一目置くようになる。人々からの尊敬が得られるのだ。

尊敬はメチャメチャ大切だ。誰が言い出したのか知らんけど、マネー・パワー・リスペクトとはよく言ったもので、アメリカではこの3つが揃《そろ》って初めて誰もが憧れる成功者とみなされる。また、この3つは相互に作用し補強し合う。尊敬されている人には高い報酬が支払われるし（マネー）、人々は尊敬している人の意見を尊重するので意見が通りやすくなる（パワー）、マネーとパワーがある人間には尊敬が加速度的に集まる（リスペクト）。

尊敬さえ得てしまえば、物事が超スムーズに進むようになる上に、ポジティブスパイラルに乗れるのだ。そして、尊敬を得るもっとも手っ取り早い方法が〝相手の期待値を上回り続ける〟という単純な一手である。相手を感動させられたらこっちのもんだ。「この人はただものじゃないな」「この人に任せれば間違いないな」と思ってもらうことができ、プライベートであれ仕事であれ、期待値を上回り続けている限りあなたにはひっきりなしに質の良いお誘いが舞い込んでくるようになるだろう。

世の中には、「ガッカリした」とか「期待してたのに」という言葉があなたに心理的ダメージを与えることを知っており、それを利用してあなたを意のままにコントロールしようとしてくる連中もいる。そういう期待には一切応えなくていい。**が、「良い仕事を期待してますよ！」とか「君の成長に期待してるよ！」みたいなポジティブな期待には期待値以上の結果を出して良い驚きを与えてやれ。**それは必ずあなたの財産になる。期待に応えることは義務ではなく戦略の1つとして捉えるのだ。期待をプレッシャーとして捉えるのではなく、期待はうまく利用していこうぜ。

期待？　応えるどころか超えていこう。

21

過去の自分に縛られるのを、やめない

信念がブレブレで一貫性のない人間は誰からも信用されないし、何も成し遂げられない。考えや発言、行動が変わるのはまったく問題ない。が、過去の自分が掲げた信念は強く持ち続けろ。**信念＝コアだけは守り抜け。**そもそもなぜそれを始めたのか。そもそも自分は何を成し遂げたいのか。そういったコアの部分だけは絶対に忘れるな。コアを保ちつつ、コアの外側だけをどんどん変化させていくのだ。

これがどういうことか簡単に説明しよう。たとえば、「子どもの貧困をなくしたい」という信念を持っている人がいるとする。そこでこの人はＮＰＯを立ち上げる。何年かやってみたが、ＮＰＯの活動ではそこまで大きなインパクトを残せないことに葛藤《かっとう》する。「子どもの貧困を抜本的に解決しようと思ったら政治しかないのではないか？」との考えに至り、この人はＮＰＯを信頼できる誰かに託し、政治家を目指す。政治家になってはみたが、新参者の持つ影響力は限られている。このままじゃダメだ。影響力……そうだ！　政治と社会問題とエンタメを掛け合わせた人気ユーチューバーを目指そう！　――といった感じの人生を歩んでいる人がいるとしよう。

この人の行動は一見ブレブレだが、まったくブレていない。「子どもの貧困をなくしたい」というコアを保ち、自分の成長や世間の潮流に合わせてやり方や考え方を変化させているだけである。信念がブレてないから、人々の信望も厚いし目標に向けて着実に進んでいく。これが俺の考える過去に縛られつつも縛られすぎないちょうど良いバランスである。

成長スピードが早い人は良い意味でこだわりがない。間違いを指摘されたら反発せずスグに修正するし、自分のやり方や意見よりも良いやり方や意見があれば素早く取り入れる。ブレないのは信念だけで、やり方、考え方、意見等々は凄まじいスピードで変化させる。柔軟に変化できる奴は強いのだ。

だが、その柔軟性にはルールが1つある。信念だけは絶対に曲げてはいけないということだ。さあ、ある程度は過去の自分に縛られようじゃないか。

22

欲望を抑え込むのを、やめない

ラクしたいとか、サボりたいとか、遊びたいとか、勉強したくないとか、そういう欲望は徹底的に抑え込め。人間はラクをしたい生き物だ。油断しているとラクな方へラクな方へ流れる習性がある。考えてもみてくれ。**ラクをするってのは未来の幸せの前借りをすると同時に多大な負債を負うようなもんだ。**今サボれば多少ラクかもしれないが（未来の幸せの前借り）、サボったツケを未来に払わされるのは他の誰でもない自分自身だ（負債）。それだけじゃない。負債は同額を返せばいいわけではなく、どんどん膨れ上がっていく。目安として、今ラクしたら将来は何十倍も苦労して、今頑張ったら将来は何十倍も楽できると思っておくといい。要は、**今のラクを優先するのは闇金融で借金するようなもんだね。**

逆に、今頑張って得た価値も時間が経つにつれ膨れ上がっていく。今頑張れば頑張ったことによって生まれる価値の運用を今すぐ始めることができる。投資と同じで始めるのが早ければ早いほど複利効果で価値が膨れ上がっていくのだ。

どういうことかわかりやすく説明すると、同じ苦労をして医師免許を取得するのでも、25歳で医師免許を取得してすぐに働き始める人と、55歳で医師免許を取得して働き始める人、どちらがより多くの資産を築くか、どちらが医者としてより多くの経験を積み社会的な地位を高めていくか、誰にでも簡単に想像がつくと思う。

イメージしてもらうために極端な例をあげたが、俺の言いたいことが伝わっただろうか？

頑張るなら今が一番ぶっちぎりでお得なのだ。サボった代償を払うのは自分なのだから、今ラクをすることは自分で自分の邪魔をするに等しいぞ。金持ちになりたいとか、モテたいとか、偉くなりたいとか、尊敬されたいとか、いい車に乗りたいとか、そういう欲望は大切にしろ。ガンガン欲望を追いかけるといい。欲望は人生のエンジンになる。

だが、**未来の自分を苦しめるような欲望は意志力で徹底的に抑え込め。**叶えたい欲望のために抑え込むべき欲望もあるということを知っている者が最後にもっとも多くの欲望を叶える。さあ、欲望を抑え込もう。

23 ないものねだりを、やめない

ないものねだりをやめるな。**ないものを手に入れたいという欲望は人生において最高のモチベーションになる。**世間には欲深い人を蔑《さげす》む風潮もあるがそんなことは気にしなくていい。「貪欲に生きるな？　高望みするな？　は？　ふざけたこと言ってんじゃねぇ」ぐらいに思っておけばいいのだ。金が欲しいでも、モテたいでも、チヤホヤされたいでも何でもいい。自分の欲望に素直になれ。高望みしろ。人生一度きりだ。欲望追わずに何を追う？　禁欲して過ごしている時間なんて1秒もねえぞ。

ただ、欲望を追うときに気をつけてほしいこともある。それは、**現状に対する感謝を忘れてはいけないということだ。**「自分にないもの」を認識し、欲求を追いかけると同時に、「自分にあるもの」もしっかりと認識し、感謝をするのだ。感謝はいい。感謝することで自分がいかに恵まれているかを認識できて、日々を幸せに過ごせる。この感謝の習慣なしにただ欲求だけ追っているとあなたは不幸になる。常に「自分には何かが足りない」と感じるようになり、焦燥感に襲われ、一生満足できなくなってしまう。

感謝も大切だが、もう1つ大切なことがある。それは、自分を誇りに思うことだ。さまざまな著名人がドヤ顔で自分の言葉の如く言っちゃうのでもはや誰が最初に言いだしたのかサッパリわからないが、アメリカにこんな言葉がある。

Be proud, but never satisfied.（自分を誇れ、だが決して満足するな）

なんとシンプルで力強い言葉だろうか。この言葉は我々に欲求を追うときの究極のバランスを教えてくれる。常に誇りを忘れてはいけない。それは自尊心を保つためであったり、現状に対して幸せを感じるためであったりする。だが一方で、現状に満足してもいけない。満足しては成長が止まってしまうからだ（本人が成長しない生き方を選ぶなら全然アリ！）。そこで生まれた言葉が、**「誇れ、だが満足するな」**である。

さあ、感謝しよう。誇ろう。だが満足するな。ないものねだりをやめるな。この言葉、超カッコいいので日本エリア限定でいいから俺の言葉ってことにしてもいい？　ダメ？

24

他人の評価を気にするのを、やめない

他人の評価を気にするのは地獄の始まりだ。他人の評価なんてそのときの利害関係や気分次第でコロコロ変わる。そんなものに自分の価値を決めさせては自信や自尊心など一生かかっても持つことはできないし、常に精神が不安定な状態になってしまう。

とはいえ、人間は一人では生きていけない。何かしらのコミュニティに属し、評価されたり、評価したり、競い合ったり、助け合って生きねばならない。そして、コミュニティで生きる以上、他人の評価を気にしないのは現実的じゃない。さて、どうしたものか？

答えは簡単だ。**気にする他人の評価を限定すればいいのだ。**自分が属している／属したいコミュニティの評価や、尊敬している人、仲の良い友人や家族といった、あなたの人生において大切な人たちの評価だけを気にすればいいのだ。

人々が犯してしまう最大の過ちが、他人の評価の範囲を広げすぎてしまうことである。**ぶっちゃけた話、自分の大切な人たち以外の評価なんてどうでもいい。**範囲を広げすぎて、すべての人に評価されようとするから疲れてしまう。断言するが、すべての人から良い評価をされるなんて不可能だ。一方から評価されれば一方からは酷評される。そして、どっちつかずの中立はみんなから嫌われる。

八方美人は卒業しよう。みんなから評価されるのはさっさと諦めて、己のスタンスを明確にし、あなたの大切な人たちから評価される生き方にシフトしていこう。ライフステージによって大切な人たちも変わっていくだろう。そんなときはその流れに合わせて気にすべき他人の評価の範囲も変えていけばいい。柔軟に気楽にいこう。

「お前らの評価なんてどうでもいい。私は私の価値観で生きる」ぐらい傲慢な態度はメンタル安定のために軸に持っておき、一部の大切な人たちの評価は謹《つつし》んで受け入れ、大切な人たちにもっと評価してもらえる自分になれるよう努力していくことが大切だ。それはきっとあなたに素晴らしい成長をもたらしてくれる。

他人の評価を気にしろ。超限定的に。

25

苦しさが5割以上のことを、やめない

「苦しいから」「大変だから」という理由で簡単に諦めていたら人生は楽しめない。等価交換がこの世の原則だ。価値あるものを手に入れたければそれ相応の対価を払う覚悟をしろ。**努力と苦労をする覚悟をしろ。**簡単な理屈だ。誰でも通れる楽な道の先にお宝は眠ってない。誰も通ろうと思わない困難な道の先にお宝が眠っている。

挑戦しているとき、何かに向けて頑張っているとき、苦しい局面は必ずやってくる。苦しいばかりで楽しくないなら思い切ってやめてしまうべきだろうか？　俺の答えはイエスでもありノーでもある。その苦労が成し遂げたくもないことのためにする苦労だったら即座にやめてしまえばいい。だが、**その苦労が成し遂げたいことのためにする苦労なのであればどれだけ苦しかろうと続ける価値がある。**もちろん、心身の健康を害さない範囲でね。

受験や就活で考えてみようか。たとえば、東大に入るまでの受験勉強やいい会社に就職するための就職活動、受験も就職活動も数年間を費やすが、その数年間の間、苦しみが恐らく9割を超えるだろう。やめてしまうべきだろうか？　答えはノーだ。

成し遂げたいことがある場合に限り、苦しさが5割以上でもやめるべきではない。往々にして、苦しみが最初にドカッとやってきて喜びは結果が得られたときに一気に得られる。そして、一気に得られる喜びの総量は積み上がった苦しみの総量を軽々と越えていく。

人間はラクをしたい生き物だ。やめるという選択肢は常に魅力的に見える。だが、覚えておいてほしい。**やめるのはいつでもできる。**やめる理由なんて無限に湧いてくるのだ。続ける理由を探して続けてみろ。

大切なのは苦しいか苦しくないかじゃない、成し遂げたいか否か、それだけだ。成し遂げたいならやり抜け。何か成し遂げたいなら苦しさは避けられないから計算に入れとけ。ノーペインノーゲイン。

第2章 捨てない

健康、信用、家族、友人等、この世には
手に入れるよりも取り戻すほうが難しいものが沢山ある。
厄介なことに、これらの本当の価値は失ってから気づく。
捨てるな。とっとけ。

――テスト・ステロン

26

安いプライドを、捨てない

人の容姿が千差万別であるように、人のプライドも個人によって異なる。他人から見ると「えっ、そこにそんなこだわる?」「安いプライドだなぁ」と思ってしまうようなことでも、本人にとっては命の次に大切なことだったりするのだ。よって、どのプライドが立派で、どのプライドが安いかなんて判断は本人以外にはできない。**本人が大切だと思うプライドは、他人が何と言おうと大切なプライドなのである。**成功のためなら上司に頭下げるぐらいなんてことないって人もいれば、上司に頭下げるぐらいなら死んだほうがマシだと思う人もいて、別にどちらのプライドが良いとか悪いとかないのだ。

生きていると、「この案件において自分を曲げることは死を意味する。絶対に譲りたくない」と感じる場面が出てくる。損得勘定や理性で考えると絶対に安いプライドなんて捨てて自分を曲げたほうがいいのに、どうしても心がノーと言っているときだ。そんなときは、たとえ譲らないことによって多大な損害があるとしても、譲らないのも1つの選択肢だ。得したって自分の魂が死んだら意味がないからね。自分のプライドを捨ててまで勝ち取った得に価値なんてない（そう思うか否かもまた、個人によって異なるけども！）。

俺の尊敬する火拳のエースという男も、

「〝力〟に屈したら男に生まれた意味がねェだろう」

「おれは決して人生に〝くい〟は残さない…！！！　…わかったかバカ」

って言ってた。（マジカッコいい）*

最後に、「安いプライドを捨てない」ことと「他者の意見を聞かない」ことはまったく別物だから勘違いしないでくれよな。ここを勘違いするとただの融通《ゆうずう》の利かない頑固者になる。自分のコアであるプライドは保ちつつ、常に柔軟に周りの人の価値観や意見を取り入れて成長していけ。だが、譲れないところは絶対に譲るな。プライドを、捨てるな。

よし、原稿の締め切り間に合わないっぽいから編集の人に電話して「私、電話越しですが土下座しております」っていう俺の必殺技やろっと。締め切り絶対に延ばしてもらうぞ！

＊（編集注）「火拳のエース」は人気マンガ『ONE PIECE』の登場人物で、主人公ルフィの義兄です。メチャメチャ強くて考え方も筋が通っていてカッコいいです

27

「でも」と「だって」を、捨てない

「でも……」「だって……」という言葉をあなたの脳内から捨て去るな。この2つの言葉を有効活用して人生を好転させていくのだ。

ネガティブ思考に思えるかもしれないが、何かを考えたり行動したりするとき、**否定から入ることは最高のリスク管理となる。**物事を深く考えずに何でも「いいじゃん！」「いいね！」と進めていると、冷静になれば見えるリスクに足をすくわれる。否定から入る人間は真っ先にリスクから考え始めるので、油断が生まれない。

真のポジティブ思考ってのは何の考えもなしに「なんとかなるさー」というお気楽な思考じゃない。最悪の事態を想定した上で、それでも自分ならなんとか打開できると信じて突き進むのがポジティブ思考であり、最悪の事態を想定しない、現実を見つめないで「なんとかなるさー」ってのは単なる思考停止だ。

とはいえ、否定から入る人間は真っ先に「できない理由」を考え、挑戦に億劫《おっくう》になり、ぬるま湯から出ようとしないため成長もしない。そこで俺がおスススメしたいのが「でも」「だって」のあとに**「じゃあ」「だから」**を付け加えること。こんな感じの思考プロセスである。

「起業したいな。でも、起業は甘くないよな。**じゃあ、**まずは副業として始めてみるか。だって、私には才能もコネクションもないもん。**だから、**もっと努力したり人脈づくり頑張らないと！」

最高にポジティブだろう？　俺はこれを**〈超ポジティブなネガティブ思考〉**と呼んでいる。ネガティブ思考でありとあらゆる問題をあぶりだした上で、解決の一手を打ちネガティブをぶっ飛ばす思考。

悲観してから楽観的に動く。これぞ最強のバランスだ。

敗者は言い訳を探してやめる。

勝者は言い訳を探して潰す。

「私なんて……」を、捨てない

「どうせ私なんて……」と思ってしまうあなたに伝えたい。**ぜんぜん問題ないからそのままそう思っておくといい。**まったく同じ能力を持つ2人の人間がいるとしよう。能力が同じでも、思考の癖の違いで一方は「どうせ私なんて……」と思い、もう一方は「自分は最高にして最強!」と思うかもしれない。ハッキリ言って、「どうせ私なんて……」と自分を卑下《ひげ》するのも、「自分は最高にして最強!」と自信を持つのも、どちらも一長一短あり、どちらが上とか下とかはない。完璧なバランスはこの2つの間に存在する。

どうせ私なんてタイプの人間は、自分に自信がないので謙虚でいられる。人一倍の努力をする。これは素晴らしいことだ。が、自尊心が足りないので心穏やかにいられる時間は少ないかもしれない。一方、自分は最高にして最強タイプの人間は、自信過剰になってしまう傾向がある。ときに己の力を過信して努力を怠《おこた》ることもあるだろう。これは良くない。が、自尊心があるので心穏やかにいられる時間は長い。

おわかりだろうか？　どちらも一長一短であり、自分の思考の癖をつかみ、丁度いいバランスを目指せばいいだけの話なのである。考え方によっては、常に謙虚でいられる「私なんてタイプ」の人間の思考は人生において役立つ特性となり得るのである。

「私なんてタイプ」の人にぜひ覚えておいてほしいのが、根っからダメな人間なんていないということだ。ダメな行動をしている人間がいるだけだ。そして、行動は今この瞬間からでも変えられる。よって、「自分なんて……」と自らの存在そのものを否定するのではなく、「自分なんてまだまだダメだな。よし、行動を変えてもっと凄い自分になろう！」と前向きに自己否定することをおススメする。こうすることで私なんてタイプの人間の最大の優位性である謙虚さと自尊心を同時に保つことが可能となるのだ。

「私なんて……」を無理にやめる必要はない。慢心しない。油断しない。謙虚でいる。その思考の癖はまさに成功者のそれである（成功者の定義は人それぞれだけれども→の特性はすべて超大切です！）。

29

「時間がない」を、捨てない

「時間がないなんてのは単なるダサい言い訳だ」と、カッコつけて言いたいところだが、そうでもない。あなたが何かをやる際に「時間がない」という言い訳が最初に浮かんでくるのであれば、それはあなたがそんなにやりたくないこと、意義を感じていないことなのでやらなくていい。

「時間がない」はあなたの行動を決める試金石《しきんせき》になるのだ。人生は短い。心の底からやりたいと思っていないこと、意義を感じていないことに浪費する時間なんてない。そうだろう？

ということで、「時間がない」という言い訳が最初に頭に浮かぶようなことはやらなくていい。考えてもみてくれ。「時間がない」という言い訳を封印してすべての物事に時間を使っていたら1日が何十時間あろうと足りなくなってしまう。生きていればさまざまな選択肢がある。そんな中で、俺たちは自分の人生の目標や意義にもっとも適した選択をしていかなければならないのだ。

ビジネスの世界には〝選択と集中〟という言葉がある。

簡単に説明すると、ある会社が経営資源をさまざまな事業に分散させてしまうと、1つの事業に投入できる経営資源は小さくなってしまい、どれも中途半端に終わってしまうかもしれませんよ。競争に勝つためには十分な経営資源が必要ですから、どれか一本に絞り込んでみてはいかがですか？　といった感じの意味である。我々は、これを個人レベルでやっていかなければいけない。

時間がない？　おっけー。じゃあやらないでおこう。限られた時間はやるべきことに全投下しよう。

30

悪い人間関係を、捨てない

悪い人間関係と聞くと、どんな人たちが思い浮かぶだろうか？　反対意見ばかり言ってくる人たち？　気が合わなくて苦手な人たち？　嫌いな人たち？　たしかに、これらの人たちは気分よく過ごすことだけを考えたら即座に縁を切るべき人たちである。しかし、**自身の成長を考えたとき、これらの人たちはあなたの人生においてとても大切な人になり得る**ので注意が必要だ。このような人たちを「悪い人間関係」と断定し、縁を切っているとあなたは成長の機会を逃してしまうことになる。

まず初めに、反対意見を言ってくれる人はとても貴重だ。周りをみんなイエスマンばかりで固めてしまうと気分は良いが考えが凝り固まってしまい視野が狭くなる。また、他人に対して苦手、嫌い、と感じるということは、その人たちといると自分にとって痛いところ、弱いところがあらわになってしまうという証拠でもある。それらを見て見ぬふりをして生きることもできるが、消えるわけではないので今後の人生のどこかのステージでその痛いところ、弱いところは必ずあなたを苦しめる。苦手な人、嫌いな人を避けず、克服することができればあなたはググっと成長できるのだ。苦手な人、嫌いな人は、あなたが克服すべきことを教えるために神が送った使者だとでも思っておこう。

そもそも、どんな人にも良い面と悪い面がある。**ある一面が嫌いだからといってその人との関係を断つのはもったいない。**尊敬できる所もあればできないところもあって当然で、すべてにおいて同意・尊敬できなくても問題ない。良い面からは学べばいいし、悪い面は反面教師にすればいい。周りの人はみな教師であると思う姿勢が大切だ。それができればあなたは超スピードで成長していける。

さあ、悪い人間関係すらも利用して成長して人生を楽しもう。ただね、一緒にいると「自分には価値がないのかな？」「私はダメなのかな？」と感じてしまう人がいるならそれは間違いなく悪い人間関係なのでたとえ親族だとしても今すぐ絶縁していいよ。あなたには何の問題もないから大丈夫。問題があるのは他人にそう思わせてしまう人たちだからね。

31

偽りの自分を、捨てない

俺たちはつい「嫌われたくない」という思いから本当の自分を隠し、周囲に好かれるキャラ（偽りの自分）を演じてしまう。ハッキリ言おう。無理に人から好かれる必要なんてない。偽りの自分を演じて他人から好かれたって意味がない。自分を失っていくし、無理は辛いし、そのうち限界がきてお別れするときがくる。

無理しないと好かれない時点であなたはその人たちと合っていないのだ。自然体のままで居心地が良いなと感じる人を大事にしよう……と、ここで終わったらタイトルと真逆になるのでもう一歩踏み込んでみよう。

偽りの自分を演じると言うと聞こえは悪いが、「なりたい自分を演じる」と言ったらどうだろうか？　本当の自分ではないかもしれないけど、自分がそうありたい、そうなりたいと思う自分を演じるということだ。少し、ポジティブな印象になっただろうか？　自分を失うというより作り変える、無理をするというより背伸びをするというイメージだ。

俺は、こういう偽りの自分の演じ方は最高だと思っている。嫌われたくないという理由で偽りの自分を演じることはおススメしないが、「自分を変えたい」「この人のためなら変わりたい」という思いがあるなら躊躇《ちゅうちょ》なく偽りの自分を演じるといい。嫌われたくないという恐怖心から偽りの自分を演じるのはおススメできないが、新しい自分を手に入れるために変わろうとするのは最高だ。人はそれを成長と呼ぶ。

ありのままの自分でいることも大切だが、度が過ぎると単なる怠慢だし、何より成長の機会を逃してしまうのでもったいない。人間にはそれぞれ理想像がある。毎日少しずつ背伸びしながらその理想像に近づいていくことは人生の醍醐味の1つと言ってもいい。偽りの自分とは言え、理想の自分を演じることができたならあなたは自分で自分のことをどんどん好きになっていくだろう。アメリカにはこんな言葉がある。

Fake it until you make it.（できるまではできるフリをしろ）

さあ、偽りの自分を演じよう。

32

後悔を、捨てない

あなたには後悔があるだろうか？　後悔のない人間なんていないので、いろいろなエピソードが頭の中に思い浮かんでいることだろうと思う。中には、後悔という言葉では言い表せないぐらい強烈な罪悪感とともに生きている人もいるだろう。前提として、俺はすべての人にセカンドチャンスがあるべきだと思っている。**人間は過ちを犯す生き物だ。たった一度の過ちでその後の人生がずっと苦しいものになっていいはずがない。**開き直れというわけじゃないが、罪の意識に毒されて人生を無駄にすることだけは避けてほしい。過去に犯した最悪の過ちであなたの価値は決まらない。大事なのはこれからどう生きていくかだ。恥じたり後悔するってことは良心がある証拠だ。そろそろ自分を許してやれ。

は！　気づいたら後悔を捨てる方向に話が向かっている！　話を戻そう。

後悔は良くないものと定義されがちだが、後悔は時としてあなたの人生の強い味方になる。後悔とは、スマホのリマインダーアプリみたいなものだ。後悔の念が強ければ強いほど同じ過ちを繰り返さなくてすむ。後悔の痛みが、あなたが今後の人生で同じ過ちを繰り返しそうになったとき、**「後悔の痛みを覚えているか？　二度と同じ過ちを繰り返すなよ！」**とあなたにアラームを鳴らしてくれるのだ。このアラームのおかげで、あなたは今後の人生で同じ過ちを犯す確率がググっと減る。後悔を捨ててしまうなんて超もったいないことだとわかってもらえただろうか？　俺は過去の出来事、特に悪い出来事は記憶から勝手に消去されてしまうタイプなので、後悔することで生まれるストレスは少ないが、そのせいで何度も同じ過ちを繰り返している。ダイエット中は夜のコンビニに行ってはいけないとあと何度後悔したら俺は学ぶのだろうか……（笑）

後悔ばかりしてしまう人と、俺みたいにあまり後悔をしない人。別にどっちがいいとか悪いとかではなく、これは思考の癖でしかない。**もしあなたが後悔ばかりしてしまう人である場合、無理して後悔を捨てるのではなく、それを自分の強みとして捉えてみては如何だろうか？**　後悔は捨てるな。利用しろ。

33

我慢を、捨てない

我慢。忍耐。あぁ、鬱陶《うっとう》しい。鬱陶しいくせに、目標を持って生きていれば必ず必要となってくるからもっと鬱陶しい。俺は根性論が大嫌いだが、ぶっちゃけた話、我慢や忍耐なくして夢や目標を叶えることは絶対にできないと思っているし、夢や目標を叶えることが人生の醍醐味の1つだと思っているので、**我慢や忍耐なくして楽しい人生は送れない**とも思っている。

我慢や忍耐の苦しさが10とするなら、夢や目標を叶えた喜びは100ぐらいある。しかも、先払い制。先に我慢や忍耐を払って、後から報酬が返ってくる。あぁ、鬱陶しい。

ダイエットのために甘いものを我慢する。

遊びたいけど良い大学に行きたいから我慢して勉強する。
仕事を得るために我慢して接待に付き合う。
昇進のために我慢して上司に忖度《そんたく》する。

こういった目標を叶えるための我慢は、何をするにおいても必ず必要だ。だが、1つ覚えておいてほしいことがある。それは、夢や目標のためじゃない我慢は一切しなくてもいいということだ。

あなたが今人生でしているありとあらゆる我慢をリストアップして、それを夢や目標を叶えるための我慢と、そうではない我慢に振り分けてみてほしい。そして、前者はキープ。後者は思い切ってすべて捨ててしまってほしい。

夢や目標を叶えるためじゃない我慢は容赦なくすべて切り捨てろ。ストレスになるだけで何の役にも立たん。だが、**夢や目標を叶えるための我慢は捨てるな。**その我慢は先行投資。いつか莫大な利益をあなたにもたらしてくれる。

さあ、明るい未来のためにいっちょ我慢しますか。

不幸を、捨てない

「あのときは人生のどん底だったなぁ」「もうダメかもしれない……」くらい不幸だったときの記憶をあなたは持っているだろうか？　もしあるなら、その記憶はあなたの財産なので心の隅に大切に保管しておいてほしい。**不幸な記憶はあなたを幸せに、そして強くしてくれる。**まずは、不幸と幸せの関係から見ていこう。

「幸せとは気づくことである」という言葉をご存じだろうか？　幸せは常にあなたの人生に存在する。家族がいること。健康であること。スマホを持っていること。これらはどれも日常の中に当たり前に存在するので幸せと感じないかもしれないが、どれもとても幸せなことだ。だが、「隣の芝生《しばふ》は青く見える」という言葉があるように、人は周りにいる他人と自分を比べ、自分の幸せを相対的に測ろうとする。自分の身の回りにある幸せよりも、他人の幸せに注目し、それを持っていない自分は不幸だと認識してしまう。

このパターンに陥《おちい》ると人は一生満足することがなく、幸せになれない。その点、過去に不幸だった記憶を持っている人は強い。その記憶を常に忘れないようにしておけば、自分が今いかに幸せかを認識できるからだ。「あのときに比べたら今は幸せだな」と思えるので、自分の身の回りにある普通の人だったら当たり前と思ってしまう幸せに気づき、幸せでいることができるのだ。

次は、不幸と強さの関係について話そう。不幸のどん底を経験した人間は強い。どん底を経験すると今後の人生で怖いものがなくなるのだ。**「あのときも耐えられたから今回も大丈夫でしょ」**という、超ストロングなマインドが手に入るからだ。そういう経験の積み重ねが人間を強くする。「なんとかなる」と思えるのは楽観ではなく、過去に「なんとかしてきた」経験があるからだ。つまり、過去に経験した不幸が強ければ強いほど、多ければ多いほど、その人は強くなれる。

幸せであるために、強くあるために、不幸は捨てないで持っておこう。不幸を必要以上に恐れるのはやめよう。不幸は幸せと強さのタネにすぎない。

35

愚痴を、捨てない

愚痴は、もっとも手軽で効率の良いストレス解消法である。「愚痴でも言わないとやってらんねーよ」という状況の人はたくさんいると思うが、逆に言うと**「愚痴を言えるからやっていけている」**のである。愚痴ることでストレスが解消でき、明日も頑張ろうと思えるのであれば、愚痴って最高に生産的な行為だとは思わないだろうか?

まあ、ただ、愚痴のストレス解消効果はあまりにも強力なので、使い過ぎには注意してくれ。愚痴でストレス解消ができてしまうから、変えなければいけない環境でも現状維持に甘んじてしまったり、耐えるべきでない環境でも耐えられてしまう、なんていう事態にも陥りかねない。愚痴は諸刃の剣にもなり得るということを認識したうえで細心の注意を払って使おう。

愚痴の効能はストレス解消だけではない。**愚痴は、ストレス解消と同時にあなたの人生を良くするヒントをも与えてくれる。**愚痴を言えるということは、問題を認識し、しかも言語化までできているという証拠だ。

問題を認識し、言語化までできていたら、あとは解決するだけだ。適度に愚痴ったら、「さて、このクソみたいな状況を変えるためにどうしましょうかね？」と話を続ければ、愚痴はストレス解消と同時に、あなたの人生をより良くするための作戦会議の役割まで果たしてくれるのだ。

愚痴、憎いほどに優秀な奴だろう？

1．お金がかからない
2．必要なのは身1つなので超お手軽
3．問題の言語化が人生改善に繋がる

こんな優秀なストレス解消法は滅多に存在しない。愚痴を捨てるな。愚痴は利用しろ。

36

他力本願を、捨てない

他人に頼ることは良くないと考え、何でも自分でやろうとする人がいる。それも1つの生き方だろう。が、**一人でできることなんてたかが知れている。**アフリカにこんなことわざがある。

If you want to go fast, go alone. If you want to go far, go together.

(早く行きたければ、一人で行け。遠くまで行きたければ、みんなで行け)

アフリカにこのことわざがあるから何なんだって話だけれど、インフラも整っておらず、日本とは比べ物にならないほどタフな環境で生まれたこのことわざに俺は妙な説得力を感じるのだ。この言葉は多くの経営者や管理職もお気に入りで、チームワークの重要性を若手社員に伝えるときにドヤ顔で引用されることが多いのでよーく覚えておいてほしい。俺も人生で何度この言葉をドヤ顔で引用されてきたか……遂には自分が引用するまでになってしまった……（笑）　おっと、脱線したな。話を戻そう。

他人に頼れとは言っても、自分は何もやりたくないから他人に頼るという生き方はおススメできない。そりゃ他力本願ってよりただの依存だ。だが、**自分もベストを尽くした上で他人にも思いっきり頼る**という他力本願のやり方であれば全力でおススメしたい。

適材適所という言葉がある。あなたはあなたの得意なことに集中して、他人は他人の得意なことに集中すれば、一人でやるよりも圧倒的に効率的で良いアウトプットができるという意味の言葉だ。「でも、自分には得意なことなんてないし……」とかしみったれたことは言うんじゃないぞ！　どんな人間でも正しく共同作業をすれば必ずアウトプットを最大化できる。

このコンセプトを理解するにはリカードという経済学者が考えた「比較優位」という考え方が役に立つ。ここで簡単に説明してもいいのだが、文字数が足りず浅い内容になってしまうので、各自ググってみてくれ！　グーグルさん！　俺の大切な読者たちをあとはよろしく頼む！（他力本願*）

*ちなみに「他力本願」って本来は仏教用語で「阿弥陀如来の力によって救済してもらうこと」を指すので、「他人任せにする」という意味で使うのは間違いらしいけど、間違っているほうも世間に定着しているからそっちの意味で使っている

37

成功も失敗も3日で、捨てない

「失敗はさっさと忘れろ」というアドバイスがあるが、俺に言わせたらとんでもない。失敗とは挑戦した者のみが得られる貴重な財産である。忘れるのはもったいない。失敗によって学んだレッスンをしっかり覚えておかないとまた同じ失敗を繰り返すことになる。失敗は分析し、二度と同じ失敗をしないよう心に刻んでこそ初めて価値を持つのだ。

「また失敗したらどうしよう……」「失敗するのが怖い。恥ずかしい……」といった負の感情すらもあなたの血肉となる。恐怖心、羞恥心があなたを油断のない冷徹な完璧主義者にする。失敗するのが怖いからこそ、恥ずかしいからこそ、目の前の挑戦に全身全霊をもって取り組むようになるのだ。トップに君臨し続ける無敵の王者みたいなやつほど臆病だったりするもんだ。臆病で油断がないからこそ転落しない。

成功はどうだろうか？　たしかに、成功が人を腐らせてしまうこともある。過去の成功体験にとらわれて新しいことに取り組めなかったり、成功したことでプライドが生まれ失敗が怖くなり、リスクの高い挑戦を恐れたり、自分は成功者だと勘違いして周りを見下すようになるパターンだ。

それでも俺は言いたい。成功は忘れるなと。**成功体験ほどあなたに自信を与えてくれるものはない。**簡単に言うと、「あれも成功したんだからこれもできるだろう」という自信の運用をするのだ。成功体験をしっかり覚えておいて、そのまんま次の挑戦に殴り込みをかける。俺もそうだし、他の人たちもそうだと思うんだけど、元から自信がある人間なんていなくて、努力してしっかり結果を出した経験が自信を育てる。で、その自信を元手にして次はもっとデカい挑戦に人生を賭ける。これを続けていくことであなたは飛躍的な成長を遂げることになる。

失敗も成功もあなたの貴重な財産だ。失敗だったら過度の恐怖心や羞恥心。成功だったら慢心や油断。こういった不純物だけうまーく取り除いて、残りの成分は捨てずに大切に持っておこう。

38

自己犠牲の精神を、捨てない

自己犠牲。とても複雑な言葉だ。俺は常々「自己犠牲の上に成り立つ幸せなんてない」と主張している。最初は良くてもだんだん我慢できなくなってきて、「あなたのためを思ってやってあげたのに」「私はこんなにしてあげてるのに」とか恩着せがましいことを言い出すのが目に見えているからだ。相手も最初はあなたに感謝するだろうが、次第にあなたの親切に依存し始め、最終的には親切を当たり前だと感じるようになり、関係は悪化し、お互いが不幸になるという最悪の結末が待っている。

とはいえ、**自己を犠牲にしてでもやりたいことがあるってそれはもうメッチャクチャ幸せなことだ**とも思う。誰かを幸せにすることだったり、誰かを守ることだったり、自分という存在よりも優先順位の高い何かを地球上に発見できるってとてつもなく尊《とうと》いことだ。

1．自己犠牲という選択をしたのは自分
2．相手に見返りを求めない

という2点をしっかり認識した上でなら、自己を犠牲にしてでも他者を優先するといい。結果、それがあなたの幸せに繋がるのであれば、もはやそれは自己犠牲とは言えないのかもしれないけどな。

たとえば、自分より子どもの幸せを願う親御さん。

自分が美味しいものを食べる幸せが＋5
美味しいものを食べて喜んでいる子どもを見る幸せが＋10
自分が食べるのを我慢するストレスが－5
子どもが美味しいものを食べられなくて悲しそうな顔を見るストレスが－10

だとすると、子どもを優先することによって得られる幸せのほうが圧倒的に大きく、生まれるストレスも小さく済む。そう考えると、自己犠牲って悪くないのだ。自己を犠牲にしてまで幸せにしたい相手を見つけることは、自らの人生の幸福の最大化につながるのだ。

自己犠牲、どんどんしていこうぜ。

39

怒りの感情を、捨てない

怒るのを我慢するのをやめよう。みんな、怒るのを我慢しすぎだ。怒るのを我慢して我慢して、最後の最後で怒りを爆発させるから怒ることが大事件のように感じてしまう。**もっとカジュアルに爽やかに怒ればいいのだ。**「これは怒れちゃうな」「これは怒らないとな」と感じることがあったら、怒りに感情が支配される前に、自分が冷静かつ笑顔でいられるうちに、爽やかに怒れば（注意すれば）いいのだ。

怒ることは悪だと考え我慢し続けているとストレスが溜まるし、怒りはそのうち爆発する。これでは自分のためにも相手のためにもならない。怒れちゃうようなことをされたらその場で相手にお伝えするのがお互いのためなのだ。

言わないと相手は気づかないからあなたは今後もずっと我慢し続けるハメになる。我慢の限界が来たときにあなたは相手に怒りを爆発させることになるから相手も嫌な思いをすることになる。誰も得しないのだ。

相手に怒りを伝えるタイミングは我慢の限界が来たときじゃない。我慢が始まったその瞬間だ。それができたら苦労しないよと思うだろうが、それでもやるしかない。怒りの感情を相手に伝えるのは難しいし気まずい。できることなら俺だって避けたい。が、俺の経験上、今怒りを我慢して得られる安堵感は、往々にして後ほど怒りを伝えなかったことにより降りかかってくる災難よりも圧倒的に小さい。

「生意気を言ってしまい申し訳ないのですが〜」とか「今後よりストレスフリーにお付き合いしていくために知っておいていただきたいのですが〜」と前置きをしたうえで伝えれば、相手がよっぽどの分からず屋でもない限りぜんぜん問題ない。問題ないどころか、「コイツは本音でしゃべるから信用できそうだ」とか「思ったことをキチンと言える奴だから仕事ができそうだ」と思ってもらえることもあるだろう。

怒りの感情を捨てるな。

怒りは溜め込まず、キレイさっぱり発散して、根絶してしまおう。

40

「正しさ」を、捨てない

この世には正解など存在しない。立場が変われば正解なんて無限にある。とはいえ、俺たちは〝この世には正解など存在しない〟ということを念頭に置いたうえで自らが正しいと信じる道を突き進んでいかねばならない。それが人生だ。

己の正義を貫いて生きることは人生を最高のものにするための戦略である。正しくあろうとすれば誰かとぶつかることもあるだろう。誰かから嫌われてしまうこともあるだろう。だがね、己の正義を放棄して何の主張もしないのであればあなたは存在しないも同然だし、誰からも嫌われない代わりに誰かから好かれることもないだろう。

そして保証しよう。**己の正義を貫いて生きていれば必ず後悔の少ない人生が送れる。**幸せな人生には欠かせない心の平穏と自尊心は正義を貫いて生きている、後ろめたいことは何もない人間にしか手に入らない。

ただ、1つだけ気をつけてほしいことがある。

それは、己の「正しさ」を主張するときは

1. すべての意見には一理ある
2. 絶対的に正しい意見などない
3. 立場が違えば正解も変わる

を常に念頭に置いておかねばならないということだ。人は、正義を行使するときに凄まじく残酷になる。相手が間違っているのだから徹底的に相手を攻撃しても構わないと思うとブレーキが利かなくなってしまうのだ。正義の味方として他人に制裁を加えることはこの上ない快感なのである。

実際、不謹慎な行為を働いた他人を攻撃するときに快楽物質であるドーパミンが分泌されるという研究結果もあるぐらいだ。

「正しさ」は「思いやり」とセットで持っておこう。この2つを持ち合わせていればきっとあなたは幸せな人生を送っていける。正しさを捨てるな。

41

デカすぎる目標を、捨てない

叶うかどうかわからないぐらいメチャクチャ大きな目標を持て。**目標を持てば自ずとどう生きたらいいかわかるようになる。人生に迷わなくて済むようになる。**簡単な理屈だ。

たとえば富士山に行きたいとしよう。富士山への詳しいルートがわからなくても、遠くに富士山が見えていたらとりあえずそっちの方向に向かって進むことはできるだろう？

それと同じで、大きな目標さえ見つかれば自らの進むべき道がクリアになる。まずは富士山を目指すことを決めないと、あなたは目標もなくさまよい続けることになる。人生に迷っている人はまず全力で目標を探すといい。富士山ぐらいデカいヤツな。

大きな目標を持つメリットはそれだけじゃない。**大きな目標は強烈なモチベーションになる。**ゴールが見えているからこそ挫《くじ》けそうなときにも頑張れるのだ。さらに、目標が達成できるか否かは置いといて、目標に向かって努力すること自体にも意義がある。目標に向かって努力するプロセス自体が人生をより豊かで楽しくするのだ。

買い物にたとえると、何を買うか考えているときのほうが買った後よりも興奮するし楽しいのと同じだ。それだけじゃない。目標に向けて頑張る時間は必ず後の人生にも生きる。目標を追う過程で得られる経験値があなたをより強くより優秀にしてくれるのだ。大きな目標を持たない理由がないだろう？

心の準備をしておいてほしいので先に言っておくが、大きな目標を掲げていると「そんなの無理だよ」とか「現実を見なよ」とか言ってくる連中が100％現れる。そんな連中は無視でいい。何度も言うが、目標を掲げること自体に大きな意義があるのだ。**目標を見定めたら、誰になんと言われようと突き進め。**画家の描き出す絵がキャンバスのサイズを超えることがないように、叶えられる目標が頭に思い描く目標のサイズよりも大きくなることはない。

せっかくならデカい目標を描こうじゃねえか。周りは笑うかもしれない。でも俺はあなたがどんな目標を持ったって絶対に笑わないぜ。

42

恨みを、捨てない

あなたが誰かを強烈に恨んでいるとき、あなたには2つの選択肢がある。

1つは相手を許すこと。相手を許すことにより過去に縛られた自分を解き放ち、今に、未来に集中して生きていくという選択だ。誰かを恨み続けると心に大きな負担がかかるので、とても良い選択と言える。

2つ目の選択肢は、**恨みをモチベーションとして使う**こと。恨みなんてそう簡単に忘れられそうもないという人には是非こちらをおススメしたい。恨みを忘れられないのであれば、無理に忘れようとせず、その恨みをモチベーションとして使えばいいのだ。

たとえば、

・いじめっ子を見返すために格闘技に打ち込みプロ格闘家に

・容姿をバカにしてきた奴らを見返すためにダイエットや美容を研究して大変身
・自分を見下した人間を後悔させてやることをモチベーションに努力して大成功

といった感じで、恨みを強烈なモチベーションとして有効活用するのだ。恨みとはガソリンである。誰かを恨まねばならないような経験をしてしまったことは悲しい出来事だが、過去に起きてしまった負の出来事は変えられない。

だが、あなたには幸か不幸か〝恨み〟という財産が、ガソリンがまだ残っている。これを有効活用しない手はない。

人生における負の出来事をプラスにしていくもマイナスにしていくもすべてはあなたの捉え方次第だ。恨みをモチベーションに変える。転んでもただでは起きない。失敗から学ぶ。負の経験をプラスに変えられる人間は強いぞ。

恨みが忘れられないなら忘れなくていい。その恨みを胸に刻み込み活動の燃料としようじゃないか。キッカケは恨みのモチベーションだとしても、何かに圧倒的な熱量で打ち込んでいると、純粋な向上心とか競争心とか、別のポジティブなモチベーションに火がついて恨みなんて自然と燃え尽きちゃう日がくるよ。

43

ストレスの要因を、捨てない

まずハッキリさせておきたいことがある。それは、この世には良いストレスと悪いストレスの2種類が存在するということだ。良いストレスはあなたの成長や幸福に繋がり、悪いストレスはあなたの生産性を下げたり健康を害したりする。

いくつか実例を列挙しよう。

良いストレス：勉強、仕事、自己投資、筋トレ、ダイエット、転職活動等

これらはやっている最中はストレスかもしれないが、頑張れば頑張るほど自分に見返りがあるので良いストレスだ。

悪いストレス：パワハラ、セクハラ、部屋が汚い、長時間通勤、侮辱、いじめ等

これらはストレスになるだけで何の成長にもつながらない、今すぐにでも工夫して秒速で排除すべき悪いストレスだ。あなたが排除すべきなのは悪いストレスだけで、**良いストレスとは共存していく覚悟を決めねばならない。**ストレスは成長要因でもあるのだ。筋肉は負荷（ストレス）に反応して成長するのだが、人間も同様である。

成長のためにはある程度のストレスが必要なのだ。ダイエット中の食事制限や有酸素運動はストレス以外の何物でもないけど、目標達成のためには必要なものだし、ストレスに耐え抜いたあとは理想の肉体を手に入れるという最高のご褒美も待っている。

すべてのストレスを人生から削除していくのではなく、悪いストレスだけを人生から徹底的に排除していこう。そして、あなたの成長に繋がる良いストレスからは逃げないこと。そういったストレスを投げ捨ててしまわないこと。良いストレスのあとには成長と幸せが待っている。ストレス上等！

第3章

逃げない

1．不安は逃げれば逃げるほど大きくなる
2．不安の元になっている事態から逃げず、
実際に体験してやり過ごすことで不安は小さくなっていく
これが不安についての原則です。

——岡 琢哉（精神科医）

44

本当に辛いときは、逃げない

今から書く内容は成し遂げたいことがある人、ぶっちぎりの成功を手に入れたい人だけに読んでほしい。**ここで紹介するのは修羅《しゅら》の道だ。**修羅の道を行かなくても他にいくらでも素敵な生き方はある。だが、生まれたからには自分の限界に挑みたい。自分の爪痕を世界に残したい。そう思っている人がいるのであれば読み進めてくれ。

修羅の道を行くと決めたあなたに覚えておいてほしいことがある。それは、**辛いと思ってからが本当の勝負の始まりということだ。**普通の人は辛いことから逃げる。普通で満足できないなら普通じゃない行動を取らなければいけない。

よって、普通の人が逃げ出すような場面でもあなたは突き進んでいかねばならない。誰でも通れる楽な道の先にお宝は眠ってない。誰も通ろうと思わない困難な道の先にお宝は眠っている。単純な話だよな？

修羅の道を行くと決めたあなたには「辛い……もう無理……」となってからが本番だと常に覚悟しておいてほしい。格闘技の試合では自分が辛いときは対戦相手も辛いときだ。ここで加速できる奴が勝つ。筋トレでも同様。もう無理だと思うほど辛い状態から更にもう2〜3回を死に物狂いで挙げきるから筋肉が成長する。

人生も同じだ。辛い状況でこそライバルたちが脱落していく。辛い状況にこそ成長が潜んでいる。そう考えると辛い状況ですら楽しめる気がしてこないかい？　**辛いときこそ加速するのだ。**辛い出来事に遭遇したらブチ破って次のステージに行くチャンスだと思って楽しむのだ。

成し遂げたいことがある人、ぶっちぎりの成功を手に入れたい人、あなたたちは今後たくさんの壁を乗り越えていくことになる。辛い思いだってたくさんするだろう。だが、そこから逃げ出さなかった者のみにしかたどり着けない境地が存在する。俺はこの生き方を強要するつもりは一切ないが、あなたの中にそうした強烈な欲求が存在するならとことん勝負してみるのも大アリだと思うぜ。

45

余力があるうちに、逃げない

〝逃げる〟という選択肢を常に意識しておくことは大切だ。なぜなら、劣悪な環境にいると、だんだん正常な思考回路が保てなくなってくる。人間関係でストレスが溜まり、仕事や勉強のノルマに追われ、睡眠不足で自律神経が狂ってしまうと、正常な判断ができなくなってしまい逃げるタイミングを失ってしまうのだ。よって、余力があり、正常な判断がくだせるうちに逃げ始めることが得策となる。

さて、先ほど述べたのは一般人の話。**あなたが修羅の道を進む者ならば〝逃げる〟という選択肢など邪魔にしかならない。**人間は楽をしたい生き物だ。余力があるうちから逃げることばかり考えていたら何をするにしても深くまで極めることはできない。

「何があっても逃げない」と覚悟を決めて全力で挑戦する者のみにしか到達できないレベ

ルが存在するのだ。実力が同等の2人の人間がいる場合、「余力は残しておこう」なんて考えている奴と、「燃え尽きるまで全力で行く」と考えている奴、勝負に勝つのはどちらだろうか？　後者に決まってるよな。修羅の世界ではそういった覚悟の違いが運命を分ける。

現代はインターネットを使えばなんでも手に入る時代だ。情報、ノウハウ、学習ツール、人脈、文字通りなんでも手に入る。では、そんな時代においてある一人の個人が他者と圧倒的な差をつけるために必要なものはなんだろうか？　答えは簡単である。**機会が平等である場合、最後にモノを言うのは根性だ。**「ただガムシャラにやればいい」なんていう根性論、俺は大嫌いだが、最後はやっぱり根性なのである。

要はやるかやらないか。徹底的にやり抜く奴が成功して中途半端で諦める奴が失敗する。それだけ。成功に秘密なんてないし才能の違いでもない。根性の違い。

ということで、どうしても成し遂げたいことがあったり、ぶっちぎりの成功を手にしたいのなら多少の無理はする覚悟を決めろ。余力があるうちから逃げることなんて考えてたら話になんねーぞ。

46

不機嫌な相手から、逃げない

不機嫌な人を見つけたらチャンスだ。何のチャンスかって？　**感情をオフにして不機嫌な人間を手なずける練習をするチャンスだ。**不機嫌な人間を確認したら猛獣使いの如く心に鞭《むち》を持ちそいつを懐柔する心の準備を整えよ。不機嫌な人間は天災みたいなもんだ。生きてりゃ遭遇は避けられない。だったら、遭遇しても大丈夫なように手なずける能力を身につけてしまえばいいのだ。不機嫌な人間なんて滅多に出逢えるもんじゃないので、出逢ったらラッキーだと思ってよーく観察して懐柔しよう。

人間関係でストレスを溜めない人の特徴として、不機嫌な人と意思疎通するのを諦めるスピードが超早いというものがある。「すげー不機嫌だなぁ」「あぁ、この人話通じないな」って感じの人に出会ってしまったら2秒で諦めて感情オフモードに入ってしまうのだ。真面白な人ほどまともに向き合ってしまうから体力も感情もゴッソリ持っていかれる。相手は通常の精神状態じゃないんだから諦めちゃっていいんだよ。

ということで、**不機嫌な相手と遭遇してしまったら感情をオフに、心の猛獣使いモードをオンにしてくれ。**相手は猛獣なので不機嫌で当然だ。そこに善悪はない。プロフェッショナルとして接するのだ。これができれば不機嫌な相手に対していちいちビクビクしたり腹を立てたりしなくて済む。心のスイッチを切り替えてしまえばあとは淡々と処理していくだけである。

不機嫌な人の相手をするのは嫌なもんだが、悪いことばかりでもない。感情がブレまくっている不機嫌な人は普段だったら言わないような本音を漏らすことがあるからその人をより深く理解するいい機会になるし、相手に深い理解を示し擁護してやれば仲を深めるいい機会になるかもしれない。これらは不機嫌なときにこそ生まれるチャンスだ。

不機嫌な人間といると怖いかもしれない。嫌な気分になるかもしれない。だからといって、せっかくのチャンスを活かさないのはこの上なくもったいない。

不機嫌な相手から逃げるな。不機嫌な相手は徹底的に懐柔せよ。

47

元気がないときはひとりの世界へ、逃げない

元気がないときは朝陽を20分浴びて、好きな音楽を聴きながら運動して、美味しいご飯を食べて、映画を観て泣いて、読書で知的好奇心を満たして、いつも我慢してるケーキでも食べて、お笑いを見て笑って、目覚ましをセットせずに寝る日を作ってみてくれ。睡眠、栄養、運動不足を解消して、娯楽で笑ったり泣いたりしてリラックスするだけで気力も体力もかなり回復するはずだ。

元気がないときの要因ナンバー1は単なる睡眠・栄養・運動不足のどれかによる自律神経とホルモンバランスの乱れなので、まずはそれらを解決してやること。この段階では人と会うことよりも睡眠・栄養・運動不足の解消を何よりも優先するといいだろう。

さて、これでも元気が回復してこない場合はどうするか。答えは簡単だ。**人を頼ればいい**

い。睡眠・栄養・運動不足を解消しても元気が戻ってこないときに一人でいると、長々と答えの出ない問題について考えて悶々としてしまったり、ふとした瞬間に不安や心配に襲われてしまう可能性が高くなる。元気がなくて落ち込んでいるときに部屋でじっとしていたらメンタルが更に悪化したなんて経験があなたにもあるはずだ。

というこことで、そんなときは気心の知れた相手と食事でもしながら、自分が最近考えていること、感じていることを話してみるといい。**最後の最後、自力で這い上がれないときにあなたを救ってくれるのは他人だ。**そういうときは遠慮しないで他人に頼ろう。人は想像以上に優しくて温かいよ。信頼している他人と接することでストレス軽減効果がある愛情ホルモン〝オキシトシン〟の分泌も促進される。

信頼している人なんていないって？　仕方がない。俺もよく使う最終兵器を授けよう。**猫カフェに行くのだ**（犬派の人は犬カフェでもいいぞ）。オキシトシンは、猫や犬など動物との触れあいでも分泌される。店員さんとちょっと会話もできるし完璧だ！　ちなみに、コロナのせいで猫カフェにすら気軽に行けなくなったので猫を飼うことを本格検討し始めているのが俺です。

48

趣味の世界へ、逃げない

趣味はとても大切だ。趣味は人生を豊かにしてくれるだけでなく、人生が辛くて仕方がないときのシェルターにもなってくれる。ムカつくこと、辛いこと、悲しいことがあったとき、そういうことを全部忘れて没頭できる趣味がある人は生きるのが楽になる。

無宗教の人が多い日本において、趣味は宗教的な役割を果たしているのだ。キリスト教を信じる人は辛いことがあると教会に行き祈りを捧げる。趣味を持つ人は辛いことがあると趣味の世界に入り込み思う存分楽しむ。だから、読書でもゲームでも筋トレでもランニングでもなんでもいいから、これをやっている間は現実世界のことを忘れて自分の世界に没頭できるっていう趣味を持っておくことをおススメしたい。

とはいえ、**趣味の世界へ逃げることでは物事の根本的な問題は解決しない。**一時的に自分をストレスから守ることはできるが、嫌なことがあったときにすぐ現実逃避する癖がつくと肝心の人生がうまくいかず、結果、現実世界がストレスフルなものになってしまう。

この世には時間が解決してくれる問題とそうじゃない問題がある。**時間が解決してくれない問題は覚悟を決めて正面から叩き潰すしかない。**そして、それは早ければ早いほどいい。時間が解決してくれない問題ってのはほっとくとドンドン強大になる。そういった問題と直面したときに現実逃避するという選択は、数ある選択肢の中でも最悪の一手だ。

人生には、たとえ辛くても問題から逃げるのではなく問題そのものを抹消せねばならないときがあるのだ。問題を抹消しない限り、その問題はあなたにストレスを与え続け人生をメチャクチャにしてしまう。

明日は地獄のような1日になるが、今夜は明日のことは一切考えず完全にリラックスするぞっていう短期的現実逃避として趣味を利用するのはＯＫ。だが、趣味を向き合うべき問題から逃げ続けるための現実逃避先としては使うな。

趣味は人生を豊かにしてくれるが、使い方を誤ると人生を狂わせかねないということをしっかり認識しておこう。

49

人格を否定してくる人間から、逃げない

世の中には、あなたの人格を否定し、あなたに「自分には生きている価値がないのかな」「自分はなんの役にも立たないのかな」と感じさせてくるとても劣悪な人間がいる。関わらない選択肢があるのなら関わらないのがベストだ。基本的に、あなたを大切にしてくれない奴にあなたと過ごす権利はない。1秒もない。

だが、そうはいかない場合もある。たとえば職場の上司だったり、学校のクラスメイトだったり、親族にそういう人間がいる場合、関わらないことは非常に難しい。そして、これればっかりは運だ。劣悪な人間と遭遇してしまう可能性は全人類に平等にあり、みんなそういうリスクと隣り合わせで生きている。ということで、俺はあなたに逃げるという消極的で成功率の低い選択肢よりも、**そんな奴らには影響されない鋼のマインドを身につける**

という積極的で成功率の高い選択肢をおススメしたい。

まず初めに心に刻んでおいてほしいことがある。それは、地球上にあなたを侮辱する権利を持っている人間なんて存在しないということだ。「他人を侮辱してはいけない」、これは国籍が違おうが宗教が違おうが関係なく世界中で通用する大原則だ。よって、誰かがあなたの人格を否定したり侮辱してきた場合、その人はこの大原則を理解していない大バカ野郎確定である。**大バカ野郎の言うことは真に受けたらいけない。笑顔で聞き流そう。**

誰かと話していて「あ、この人悪意あるな〜」「侮辱が混ざってるな」「敬意を感じられないな」と感じたらその瞬間にそいつの意見を真面目に聞くのはやめよう。相手が上司だったり親だったりすると立ち去るのは難しいかもしれないけど、脳内でそいつを大バカ野郎認定し、発言権を奪ってしまうだけなら反省しているフリをしながらでもできる。適当に話を聞いてるフリをしながら

「大バカ野郎め。お前に発言権はない。好きなだけ言うがいい」

と心の中で中指立てておけばいいのだ。

逃げるな。脳内で殺せ。

50

うまくいかなかったら、逃げない

生きていると、困難が待ち受けているとわかっていてもどうしても成し遂げたいことに出逢ってしまうことがある。別の道に行ったほうが楽だろうけど、スマートだろうけど、そんなことはお構いなしに成し遂げたい野望というものが突如として人生に現れることがあるのだ。

もし、あなたがそういう何かに出逢ってしまったら、あなたがその道を突き進めるよう俺は背中を押したい。**何が何でも成し遂げたい野望なんて人生においてそう何度も出逢えるもんじゃない。**出逢えたあなたは強運の持ち主だからその野望を大切にしてほしい。

野望があるところに夢中は生まれる。野望が強烈なモチベーションとなり、それを叶えることにあなたは夢中になるのだ。そして、夢中は数ある才能の中でも最強の才能と言っても過言ではない。成功には努力が必須だが、夢中になっている人は努力を努力とすら感じない。頑張って努力している奴は努力が楽しくて仕方がない奴には勝てないのだ。

さて、野望を追っている最中にあなたは何度も壁にぶち当たるだろう。「やっぱり無謀だったかな」「自分には無理かな」と諦めたくなる瞬間が何度もやってくるだろう。だが、**それがどうしても叶えたい野望である場合は諦めるな。**諦める理由なんて無限に湧いてくる。続ける理由を探してみろ。続けた奴にしか勝利はつかめない。もちろん、人間には向き不向きや好き嫌いがあるので、向いてないことや好きでもないことを続けろとは言わない。だが、それがどうしても叶えたい野望である場合は続ける一択だ。

覚えておいてほしい。**人間の真価ってのは絶不調のときに、何かがうまくいかなくて諦めたくなったときに試される。**うまくいっているときは誰だって続けられる。だが、ずっとうまくいき続けることなんて絶対にない。

つまり、あなたの真価はうまくいかないときにこそ問われているのだ。逆境でも折れない奴が最後に勝つ。うまくいかないからって簡単に諦めるな。強い意志と共に突き進め。あなたの底力を世界に見せつけてやろうぜ。

第4章 受け入れない

受け入れたくないものは何が何でも受け入れるな。
あまりにも壮絶な状況を前に心が折れて
運命として受け入れてしまいたくなる気持ちはわかる。
だが、絶対に屈するな。最後まで抗え。

——テストス・テロン

51

全力を尽くした自分を、受け入れない

何かに挑戦して失敗したとき、まず何よりも先に頑張った自分を褒めて労《ねぎら》ってやれ。自分の力をすべて出し切っても失敗するときは失敗する。そんなときは自分のことを責めるな。やれるだけのことをすべてやったのであればそれはもう仕方がない。これが前半戦。

さて、後半戦の話をしよう。全力を出し尽くした自分を褒めて受け入れることができたら、次の挑戦の準備を始めなければいけない。次の挑戦でまた失敗しないためにあなたが最初にすべきことは、**失敗してしまった自分を批判的に分析すること**である。全力でも足りなかったのだから、何が足りなかったのか、次はどうすれば成功できるのかを見出すためには過去の自分を批判的に見て分析してみるしかない。この後半戦を戦わないと、何も学びがなく今後も失敗し続けることになる。

準備期間は足りていたか？　リサーチ不足ではなかったか？　そもそも戦場は正しいのか？　生活習慣も見直すべきか？　失敗の要因は多岐にわたるだろう。覚えておいてほしいのだが、全力＝不眠不休の努力ではない。**全力＝もっとも効率の良い努力**だ。8時間寝ないと脳のパフォーマンスが落ちるなら8時間寝るべきだし、常に万全の体調で頑張れるよう食事や運動にも気を遣い心身を健康に保つのも努力の一環だ。

根性論だけの全力で勝ち残っていけるほど世の中は甘くない。「挑戦→批判的自己分析→課題の発見→課題の解決→再挑戦」のサイクルを何度も繰り返すことによりあなたは成功に近づいていく。

だが、自己否定ばかりしていると自尊心や自信が崩壊してしまう。どうするか？　答えは簡単だ。**自己否定の前に自己肯定をするのだ。**「全力を出した自分はカッコいい」という自己肯定をしてから自己否定に入るのだ。

ということで、失敗してしまったらまず全力を出した自分を受け入れろ。次に、全力を尽くしても失敗してしまった自分を感情論抜きでシステマチックに否定しろ。成長したけりゃ全力を尽くした自分すらも受け入れるな。

52

失敗を、受け入れない

世間の定義する失敗と俺の定義する失敗は少し違うから、まずはそこからハッキリさせようか。

●世間の失敗の定義：何かに挑戦してうまくいかないこと
●俺の失敗の定義：何かに挑戦してうまくいかず、挑戦をやめてしまうこと

ここからは世間の定義する失敗をシッパイ、俺の定義する失敗を失敗と表記していく。

俺に言わせりゃシッパイは失敗じゃない。何かに挑戦するならシッパイは絶対に避けては通れない。シッパイは避けては通れないが、失敗を限りなく減らしていくことはできる。

とてもシンプルな話で、成功するまで続ければシッパイは失敗になりえないのだ。

シッパイは受け入れない限りは本当の意味での失敗にはならない。シッパイは本人が受

け入れたときに初めて失敗になる。心を折られ挑戦を諦めたとき、シッパイは本当の意味での失敗となる。

たとえ何度シッパイしようとも、再挑戦し続ける限りそれは失敗じゃない。**成功した奴はシッパイしなかったんじゃない。成功するまでシッパイし続けた奴なのだ。**

あなたが恐れるべきは失敗であってシッパイじゃない。シッパイを恐れるな。生きている限り、何かに挑戦している限り、シッパイは避けられない。シッパイは誰にでもある。

つまり、シッパイしたときにどう対応するかが成功するか失敗するかの分かれ道なのだ。シッパイした自分を恥じて殻に閉じこもり自分の可能性を自分で潰すか、シッパイから学んで成功に繋げるか、あなたはどっちにする？

シッパイは実験の結果に過ぎない。その結果を分析し、学び、また実験する。それを成功するまで繰り返す。それが成功への唯一の道だ。シッパイは挑戦を続ける限りはプロセスに過ぎないのだ。

ということで、失敗（シッパイ）は受け入れるな。

53

矛盾を、受け入れない

前作『ストレスゼロの生き方』とこの本を比べてもわかるように、世の中にはさまざまな考え方があり、それらは往々にしてどちらも正しい。立場や環境が変われば何が正しくて何が正しくないかなんていかようにも変化するものなのだ。この本は、それを証明するために書いた本でもある。

とはいえ、**生きていくということはポジションを明確にするということだ。**あなたは、さまざまな考え方の中から自分がもっとも信じられるものを探し、それを行動の指針として生きていくことになる。行動の指針となる考え方がないと迷ってしまうし、周りの人から見ても「あの人ブレブレで何がしたいのかわからない……」と反感を買ってしまう。

そこでもっとも注意しなければならないのが、「言っていること」と「やっていること」

を矛盾させないことである。言葉と行動が矛盾している人間は誰からも信用されない。

とある会社の社長を例に見てみよう。彼は〝節約〟という企業文化を社内に浸透させたい。会社ではことあるごとに節約を呼びかける。一方で、社長は自家用ジェットを保有し、滞在するのは五つ星ホテルのスイート、毎日のように高級レストランで会食と贅沢三昧《ぜいたくざんまい》をしている。社員はこの社長の言うことを素直に聞いて、節約の文化が社内に浸透するだろうか？　答えはノーである。社員は社長の言葉よりも行動を模範とするからだ。

柔軟な考え方を持っておくことはいい。生きていれば考え方が変わることもあるだろう。だが、自分のポジションを明確にせず考え方が毎日コロコロ変わるようでは人生の指針が定まらないし周囲の人々からも煙たがられてしまう。それに加えて、「言っていること」と「やっていること」に矛盾があれば信用ゼロ影響力ゼロ人間の出来上がりだ。

ある程度の矛盾は受け入れていい。だが、ポジションはなるべく明確にしておけ。そして、言葉と行動の矛盾は絶対に受け入れるな。

前作と今作の主張が矛盾しまくっているTestosteroneより

不安定を、受け入れない

残念ながら現代社会において安定を手にするのは不可能だ。かつての日本企業にあった終身雇用・年功序列という制度は崩壊したから、たとえ大企業に入っても安泰とは言えない。公務員も安定とは言いがたい。

国の財政が破綻する可能性はゼロじゃないし、パワハラやセクハラといった人災の可能性はゼロにはできない。ルイ16世（フランス国王）だって処刑されちゃうんだから、昔よりも更に不安定な現代社会において安定など存在しない。

ただ、だからといって自分の人生を安定的なものにしていく努力を放棄することはおススメしない。新型コロナウイルス対策と同様、**リスクをゼロにすることは不可能だが、リスクを少なくしていくことはできる。**不安定を完全に消し去ることはできないが、不安定な要素を把握し掌握することで限りなく安定に近づけることはできるのだ。

未来は誰にもわからないとは言うが、確実にわかっている未来もある。たとえば2050年には日本の人口が一億人に満たなくなり、超少子高齢化が進む。そこから推測できるのは年金の支給年齢の引き上げや、社会保障の崩壊という暗い未来である。

あなたが個人的になんの対策も講じなければこれらの出来事はあなたに不安定をもたらすであろうが、対策を講じておけば動じることはない。世界のどこでも生きられるように英語を勉強したり、どこでもリモートで働けるようにプログラミングを学んだり、睡眠食事運動に気を遣い健康状態を万全に保っておけば、あなたは不安定な状況でも安定して生きられるだろう。

不安定な現代社会において限りなく安定に近づくための唯一の方法は確実に来るであろう未来を分析し、不確実な未来を予測し、それに向けて変わり続けること、学び続けることだ。それは、あなたのイメージする安定とは違うかもしれない。だが、これこそが新時代の安定の定義である。安定の定義を変えろ。動き続けることこそが安定だ。不安定など受け入れるな。

55

困難を、受け入れない

この世には良い困難と悪い困難がある。良い困難はあなたを成長させてくれる。勉強とかダイエットとか、辛く苦しいけれど目標達成のためには不可欠で、困難のあとに報酬が待っているのが良い困難だ。

一方、悪い困難はあなたの時間を奪い精神を削るだけで何も見返りがない。クラスでいじめられているのに学校に通い続けるとか、ブラック企業で働き続けるとか、侮辱してくる人間と仲良くするとか、辛く苦しく理不尽なだけで本来は耐え抜くべきではない、困難のあとに報酬が待っていないのが悪い困難である。

良い困難を受け入れるのはいいが、悪い困難は絶対に受け入れるな。悪い困難を受け入れてしまうと、あなたは貴重な時間を失うとともに自尊心や自信まで破壊されてしまいかねない。困難にぶち当たったら、**「この困難は自分を成長させてくれるだろうか？」**と己に問いかけてほしい。もし答えがノーなら、あなたはその困難に立ち向かうべきではない。もし、悪い困難にぶち当たってしまったときはどうにかしてその困難を乗り越えようとするのではなく、迂回《うかい》することをおススメしたい。注意してほしいのだが、多くの場合、人は困難に直面するとそれをなんとか乗り越えようとする。人生において壁が立ちふさがると、視野を広く持てば壁を迂回して通る道があるにもかかわらず、視野が狭まってしまい真正面からそれを乗り越えようとしてしまうのだ。

〝苦労は買ってでもしろ〟という言葉や、同調圧力が強くレールから外れることを良しとしない日本の文化、周りからのプレッシャーのせいもあるだろう。いじめが問題なら学校に通い続けなくとも転校なりホームスクールなり他の道があるし、ブラック企業で耐える方法を考え抜くよりもさっさと転職したほうが100倍早い。

あなたは今後の人生で様々な困難に直面するであろうが、**その困難が乗り越える価値のある困難か否かをしっかりと見極めることを忘れないでほしい。**良い困難だけを受け入れろ。悪い困難は受け入れず、迂回しろ。

絶不調を、受け入れない

絶不調なとき、多くの人は絶不調を抜け出すためにもっと頑張ろうとする。気合いと根性で絶不調をなんとかしようとする。その姿勢は尊いが、あまりおススメはできない。

シンプルに時間が足りず作業が滞《とどこお》っているのであれば気合いと根性でなんとかするのもありだろう。だが、時間が足りないのと絶不調は別だ。絶不調には必ず原因があるものなので、最適解は〝もっと頑張る〟ではなく、**〝冷静になって原因を探る〟**である。

頑張り屋さんが多く、根性論も根強く残っている日本社会において、絶不調の原因としてもっとも見過ごされやすいのが体調管理である。心身のコンディショニング。たとえば、絶不調のときに睡眠を削ってもっと頑張ってしまった場合、睡眠不足が原因で

1．精神が不安定になる

2. パフォーマンスの低下（集中力が劇的に落ちる）
3. 免疫力の低下（病気になりやすくなる）
4. 体力がなくなる（疲れやすくなる）
5. 記憶力が落ちる

などの悪影響があり、調子は更に悪くなってしまう。

絶不調のときに休むのは勇気がいる。「休んでいる場合か？」という気持ちが湧き上がって最初は落ち着かないだろう。**だが休め。**無理が続くと心身のパフォーマンスが落ちる。頑張るとは不眠不休の努力をすることではない。頑張るとはもっとも効率の良い努力をすることだ。8時間寝たほうが頭が働くのなら寝るべきだし、食事や運動にも気を遣い心身のコンディションを整えるべきだ。根性論だけで結果が出せるほど世の中は甘くない。

アスリートの世界では練習のしすぎはパフォーマンスの低下につながることは常識となっており、これをオーバーワークと呼ぶ。オーバーワークはスランプやケガの原因にもなる。よって、そういうときは休養一択だ。一般の人も同じ。**絶不調は身体からの〝休め〟というシグナル。**絶不調は受け入れず、思い切ってサクッと休もう。

57

過小評価を、受け入れない

「君には無理だ」「身の程を知れ」と批判されたことをキッカケに自信をなくし、挑戦する気力を失い、自らの可能性を絶ってしまう人のなんと多いことか。俺はそんな人を見るたびに本当に悲しくなる。

断言するが、あなたの可能性を否定できる人間などこの世に一人もいない。そこに信念と勇気さえあればあなたはなんだってできる。親だろうが尊敬する人だろうが関係ない。自分の可能性を他人に定義させないと約束してくれ。

悲しいかな、世の中はあなたを過小評価し否定する人間であふれている。よって、あなたはそういう奴らへの耐性を作る必要がある。そういう奴らに出逢うたびに自信を粉砕されていては身動きが取れなくなるからだ。自信がないと何事にも挑戦する気が起きなくなってしまう。ということで、「評価してもらえなかったらどうしよう……」ではなく**「自分の価値がわからない奴はセンス悪いからどうでもいい」**というマインドを持て。人生は常に強気でいかねばならない。弱気など必要ない。強気だ。強気でいくのだ。

自信満々でいると「謙虚になれ」という批判が飛んでくるだろう。一理ある。が、**とりあえずシカトでいい。**謙虚ってのは自信の進化系だ。自信のある人が謙虚になるからバランスが良くなるのであって、自信のない人が謙虚になってたらそれはただの自分自身を過小評価してる人だ。謙虚になるのは自分に揺るぎない自信が持ててからでいい。

多くの人が勘違いしているが、調子に乗ってもいいんだよ。他人を見下すのがダメなの。自分に自信を持つことと他人を見下すことはまったく別の話なんだよ。**「調子に乗る」と「他人を見下す」をセットでやっちゃうからダメなんです。**調子に乗れ。ガッツリ乗ってけ。自信満々で何事にも果敢《かかん》に挑んでいくのは良いことだ。だが他者への敬意と配慮は絶対に忘れるな。

過小評価？　んなもんは単なる他人の意見だ。自分の可能性は自分が一番わかってんだろ？　過小評価なんて断固として受け入れるな。

58

自分の欠点を、受け入れない

ハッキリ言っておくぞ。**欠点なんて克服する必要は一切ない。** 欠点なんてほっときゃいいのだ。

日本の学校教育ではジェネラリスト（広範囲の能力を持つ人）であることが求められるが、社会にはスペシャリスト（1つの能力に特化した人）のための席が無限に用意されている。宇多田ヒカルが綺麗《きれい》なパワーポイントを作れないからといって悩むだろうか？　経済学の教授がフルマラソンを走り切れないからといって信用を落とすだろうか？　論点をハッキリさせるためにわかりやすい例を出したが、欠点ばかり気にして長所を活かさないってのはそういうことだ。

これはメチャクチャ大切なことなので覚えておいてほしいのだが、**抜きん出た能力が1**

つでもあれば欠点は無効になる。己のコンプレックスにばかり目を向けてウジウジ悩む必要は一切ないのだ。

あなたが目を向けるべきは己の欠点ではなく長所である。欠点を補う努力よりも長所を徹底的に伸ばす努力をしたほうがはるかに効率的だ。欠点をなくす作業は苦しいうえに、欠点だった部分が平均値をたたき出すようになるだけ。長所を伸ばす作業は楽しいうえに、長所だった部分の能力が飛躍的に高まりあなたの希少価値が増す。

自分の欠点にばかり目を向けている弊害《へいがい》はそれだけじゃない。自分の欠点にばかり目を向けていると、欠点で自分を見るようになってしまうので自尊心や自信も崩壊してしまう。逆に、自分の長所に目を向けておけば自尊心や自信が高まり、長所が伸びるにしたがって自尊心も自信もより強固なものになっていくだろう。

欠点なんてものは無視しておけばいいということが伝わっただろうか？

欠点なんてほっといて長所を磨け。

長所を磨けばコンプレックスなんてぶっ飛ぶぜ。

嫉妬の感情を、受け入れない

嫉妬には2種類ある。**「自然な嫉妬」**と**「積極的な嫉妬」**だ。たとえば、同じ部署の人間がすごい実績を出して社内で表彰されたら、「羨ましいなぁ」「チクショウ！自分だって」と誰だって思う。これは「自然な嫉妬」だ。こういう、自分の生活圏内で起きる嫉妬は生きている限り絶対に避けられないのでOKとしよう。こういった生活圏内で自然発生的に起こる嫉妬は無理に抑え込もうとする必要のない健全な嫉妬であり、頑張るためのモチベーションにもなる。

問題は「積極的な嫉妬」だ。「積極的な嫉妬」とは、文字通り**自分で積極的に嫉妬の対象を探しに行き、自分と他人の人生を比べ、落ち込んだり妬んだりする行為**を指す。特に昨今ではSNSの登場により、この「積極的な嫉妬」がメチャクチャやりやすくなってしまった。一度この悪習にハマるとあなたはものすごい勢いで不幸になる。上には上がおり、他人と自分を比べているとただひたすらに自分が惨《みじ》めに思えてくるのだ。

特にＳＮＳではそれが如実だ。ＳＮＳは人生の最高の一瞬だけを切り取って公開できるツールのため、ＳＮＳ上で嫉妬をし始めるとキリがない。自分以外のみんながキラキラして見えて、自分の人生がクソみたいに思えてきて、惨めな思いをする確率１００％だ。

「積極的な嫉妬」の最大の難点は、他人に嫉妬ばかりしていると自分の境遇が不幸に感じてしまったり、自分の持っているものが無価値に思えてしまうことである。「自然な嫉妬」はいい。でも、「積極的な嫉妬」を繰り返すのはやめよう。自分だってまあまあ幸せだし価値のあるものをたくさん持っているってことを忘れないでおこう。他人を羨む前に自分の人生への感謝も忘れないでいよう。

ところで、ＥＸＩＬＥのＨＩＲＯさんをみんなはどう思う？　上戸彩さんとご結婚されて、凄い会社の社長で、超人気グループのトップで、カリスマ的で、その上ダンスもできてマッチョとか！　マジ嫉妬しちゃうんですけど！　それに比べて俺は！　俺は！

やってられねぇ！　飲みに行くぞ！（プロテインを）

裏切りを、受け入れない

いいですかみなさん。よーく聞いてください。**裏切られるということは舐められているということです。**「裏切ってもどうせ何もできない腰抜けでしょ？」と思われているから裏切られます。「コイツを裏切ったらあとが怖いな……」と一目置かれていたら裏切りは発生しません。裏切られるということは、十中八九舐められているからなのです。

普段は平和主義でいいですよ。でもね、裏切りを受け入れるのはやめましょう。一度舐められると弱者認定されてあなたは今後もただひたすらに雑な扱いを受けます。何度も何度も裏切りを経験することになります。一度裏切りを受け入れると「ああ、やっぱこの人は何してても反抗してこないからもっともっと裏切って骨の髄までしゃぶりつくしてやろう」となるのが悪人の思考です。

ということで、「裏切られたくないな……」なんていう弱気で受け身な思考ではなく、「裏切ったら潰すぞ」という強気で能動的なマインドを持ちましょう。

それではみなさん復唱してください。

裏切ったら潰すぞこの野郎！！！！！

61

友人を失うことを、受け入れない

友人関係とはライフステージとともにどんどん変わっていくものである。ずーっと同じペースで付き合っていける友人など滅多にいない。

学校を卒業したとき、転職をしたとき、結婚や出産等のライフイベントを経たときなど、あなたのライフスタイルや価値観が変わる経験をすると、昔は波長の合っていた友人と波長が合わなくなってしまうことはよくある。

そんなときに、大切な友人だからといって無理して友人関係を維持することはおススメしない。友人関係とはリラックスをするために構築すべきなのに、それがストレスになってしまうようでは本末転倒だ。

かといって、ちょっと波長が合わなくなったぐらいで「もうこの人とは合わないから関係を終わりにしよう」などという極端な考えもおススメしない。そういうときは**自然と距離ができるからそのまま生かさず殺さずほうっておけばいい。**人生は長い。いま波長が合わないだけで将来的にまた波長が合い、仲の良い友人に戻れる可能性は十分にある。一度友人になっているのだから、その可能性はとても高い。

これは心に刻んでおいてほしいのだが、**思い出を共有できる友人というのは何にも代えがたいほど貴重な存在である。**昔のあなたを知っており、あなたのとあるライフステージの思い出話に花を咲かせられるのはそのときに付き合っていた友人だけなのだ。だから、たとえ波長が合わなくなってしまったとしても、「いまは合わないだけ」という認識でいるぐらいでちょうどいい。

友人という関係を1年とか2年という短いスパンで考えるのではなく、もっと長期的な視点で見よう。波長が合わなくなったからといって極端に悲しむ必要はないよ。それは1年後かもしれないし10年後かもしれないけど、きっとまた一緒に笑い合える日が来るから。

だから、友人を失うことを簡単に受け入れないで。合わない友人は削除するのではなく**ブックマークで。**

62

孤独を、受け入れない

「突き抜けた存在になりたければ孤独になる覚悟をしろ」という言葉を聞いたことがあるだろうか？　圧倒的な成功を得たければ何かに狂ったように没頭する期間が必要であり、馴れ合いの人間関係で時間をムダにしている暇などない。誰も信じてくれなくても、たとえ独りでも己の信じる道を突き進んでいけ。孤独に耐えられないようでは成功なんてつかめやしない。というロジックで語られることの多い言葉だ。

このロジックは正しい。ただし、それは音楽や絵画等の芸術分野であるとか、起業家やスポーツ選手といった個人の能力が大切であり、その中でもさらに才能に恵まれたストイックなごく一部の天才たちにおいての場合のみである。あなたが孤独と相性の良い分野に興味があるとは限らないし、才能がある人は限られているし、ほとんどの人は孤独な時間をすべて自己の成長に費やすほどの何かに出逢えてもいなければ、独りでひたすらに努力できるほどストイックでもない。よって、**ほとんどの人は仲間を作り、情報交換をしたり励まし合ったりしながら努力をするほうが良い成果を出せる。**

「もっとも長い時間を共に過ごしている5人の平均値があなた」とか「朱に交われば赤くなる」という言葉がある。あなたの価値観や生きる姿勢は周りにいる人によって決まるという意味の言葉だ。

人間は周りに影響されやすい。性格はウイルスと同様に人から人へ感染するのだ。尊敬できる人、切磋琢磨《せっさたくま》できる人で自分の周りを囲めば自然と自分の立ち振る舞いも似てくるし、尊敬できない人、怠け者と一緒にいれば自分もそうなってしまう。よって、「尊敬できる人たちとネットワークを構築して切磋琢磨しながら頑張る」のがベストな戦略となる。**無理して天才たちを模倣《もほう》する必要はない。凡才には凡才なりの戦い方がある。**そして、集合知が独りの天才を超えるのはよくある話だ。孤独を受け入れるな。にぎやかにいこう。

ちなみに、俺は天才だから常に孤独。決してただシンプルに友達がいないわけじゃない。天才だから仕方なく……。

63

反対意見を、受け入れない

この世に絶対的に正しい意見なんてない。立場が変われば考えも変わるし、問題を見る角度を変えれば正解だって無限に存在する。誰かから反対意見を言われたら「あなたの意見にも一理あるよね」と相手に理解を示して話し合いを進めるのが正しいスタンスだ。

しかし、このスタンスには大きな問題がある。相手に理解を示しすぎていると何も決められないし何も物事が進まないのだ。たとえば、あなたが転職したいと考えているとしよう。同僚や上司は様々な理由からあなたの転職に反対している。その人たちの言うことにもあなたの言うことにも一理あるだろう。どちらも正しい。だが、「どちらの言うことにも一理あるよね」では意思決定ができない。こういうときは、**最終的に決断に対してもっとも責任を負う者が反対意見を押しのけてでも意思決定をする必要がある。**そして、その意思決定者は常にあなただ。あなたの人生の決断の責任を取れるのはあなたしかいない。絶対的に正しい意見なんてない世の中だが、あなたの人生における意思決定の絶対的な責任者は常にあなたである。よって、あなた自身が断固たる決意を持っていろいろと決めていかなければならない。相手の反対意見を否定して論破する必要はないし、もちろんケンカする必要もない。だが、**あなたはすべての責任を自分が取る覚悟をして意思決定をせねばならない。**反対意見をなんでもかんでも受け入れていると自分がしたいことが何もできなくなる。進みたい道に進めなくなる。反対意見を受け入れるな。

反対意見があまりにもしつこかったら←をコピペしてメールしてください！

私の人生にゴチャゴチャ言う人へ

私はあなたの生き方にゴチャゴチャ言わないからあなたも私の生き方にゴチャゴチャ言わないでください。私にはすべての行動の責任を取る覚悟があります。私はその覚悟とともに好きに生きるのであなたも好きに生きてください。理解も賛同も応援もいらないです。シンプルにほっといてください。あなたはあなたの人生に集中してください。

第5章

貫かない

最も強い者が生き残るのではなく、
最も賢い者が生き延びるのでもない。
唯一生き残ることが出来るのは、
変化できる者である。

——チャールズ・ロバート・ダーウィン（自然科学者）

この言葉、じつはダーウィン本人の言葉ではなく、元々は1960年代に米国の経営学者レオン・メギンソンがダーウィンの考えを独自に解釈して論文中に記した言葉であったという説があるのをご存じだろうか？　だが、俺はそれを知ったうえでダーウィンの名言として引用している。なぜなら、俺の目的はコミュニケーション──つまり「伝える」ことであり、世間のこの名言に対する認識が“ダーウィン”である以上、ダーウィンの名言として引用することが最適解だからだ。俺は“言葉や物事の本来の意味や事実関係”よりも、“言葉や物事に対する世間の共通認識”を優先することがある。正しさよりもマジョリティーの認識を、わかりやすさを重視することがあるのだ。もちろん、だからといって言葉の本来の意味や事実関係を無視していいわけじゃない。言葉の本来の意味は文化として残るべきだと思っているし、昨今では話題のフェイクニュース等、気軽に世間の共通認識を優先したらダメな事実関係もある。あくまでも、コミュニケーションが目的なら様々なことに配慮した上でそういう工夫するのもアリなんじゃない？というお話なのでそこんところよろしく。

64

己の美学を、貫かない

前作『ストレスゼロの生き方』で俺はみんなに、

己の美学に従って好きに生きろ（法律は破るな）以上！

というとてつもなくシンプルな我が人生唯一のルールを紹介した。基本的に、法律さえ破らなければどう生きようと自由だ。自分の美学を貫いて好きに生きたらいい。だが、1つだけ気をつけてほしいことがある。それは、**美学と安いプライドを守るための「美学モドキ」を混同するな**ということだ。

美学と美学モドキを混同している人は少なくない。美学モドキは、その背景に哲学がない、安いプライドを守るための単なるワガママを指す。たとえば「自分からは謝らない」とか「社内政治はダサいからしない」というのは、美学のように見えて美学モドキである場合が多い。自分の掲げているものが美学か美学モドキなのかを判断する基準は簡単だ。

「1億円もらってもその美学は揺るがないか？」

と己に問うてみるといい。もし答えがノーならそれは美学モドキだ。金で曲がっちまうようなら美学じゃない。そんなものは生きていく上で邪魔になるだけだ。安いプライドは人生の妨げになる。安いプライドがあると人に謝ったり、頼ったり、一所懸命に頑張ったりといった、効率的に生きる上で必須の行動が取れなくなってしまう。それらを行わないことは美学ではなく美学モドキだ。だって、1億円もらえたらやるんでしょう？

じゃあ本物の美学って何？って話だけど、たとえば俺は1億円もらっても誰かを貶《おとし》めたりいじめたりするような真似はしないし、合法でも人を騙《だま》すような類のビジネスは死んでもしない。そういうのを美学という。そういう美学は絶対に貫かなければならない。なぜなら、美学を破った瞬間に自分自身を大嫌いになるからだ。自分に顔向けできなくなるのってムチャクチャ辛いよ。

ということで、自分のなかで美学だと思っているものが本物の美学なのかどうかを再確認してみてほしい。もし美学（モドキ）なら、そんなものは貫かずさっさと捨てちまえ。

65

高い意識を、貫かない

最終目標はどれだけ高くてもいい。たった一度きりの人生だ。一生かかっても到達できないようなデカい目標を持つのも良いじゃないか。目標が叶うかどうかは知らんが、釣れる魚がその池にいるもっとも大きな魚のサイズよりも大きくなることはないのと同様に、叶えられる目標が頭に思い描く目標のサイズよりも大きくなることはない。もっと大きな魚を釣りたけりゃ海に行けばいい。デカい目標、上等である。

だが、**意識は常に現状の一段上に持つ**ことをおススメしたい。意識だけがあまりに高いところにあると端《はた》から見て滑稽《こっけい》だし、現実を直視してやるべきことが見えづらくなる。

たとえばまだ音源すら発表していないミュージシャンが「全米でメジャーデビューすることしか眼中にないんで」などと言ったら、あなたはどう思うだろうか。多くの人はその人の現状と意識のあまりの差に呆れ、「はいはい、全米デビューね。凄いね」と聞く耳すら持たないのではないだろうか。**高い意識を持つのは素晴らしいことだが、現実的な計画や功績なしに意識だけを高く持っても何の意味もない。**むしろ滑稽なだけだ。「まずは音源を発表することが目標です」と意識を現状の一段だけ上に持ち、現実的な目標を掲げればあなたの本気度が伝わり応援してくれる人も現れるであろう。

高すぎる意識の次なる問題は、意識が高すぎるとそれに向かって何をすればよいのか具体的な施策が見いだせなくなってしまうということだ。「全米デビューするにはどうすればいいか?」という途方もない問いだとなかなか具体的な施策は浮かんでこない。結果、何も行動を起こさないため目標には近づけない。

ここで、意識を現状から一段だけ上に持っていくと、「日本で音源を出すにはどうすればいいか?」という現実的な問いに変わり、具体的な施策が見えてくる。日本で音源が出せたら、全米デビューへの施策も見えてくるかもしれない。兎にも角にも、まずは一段上を目指すことからだ。高すぎる意識は貫くな。一段だけ高い意識を貫け。

俺はこの本でノーベル文学賞を取りたい！　応援よろしく！

理想の自分像を、貫かない

人生の選択で迷ったときは「理想の自分ならどうするか」を基準に行動すると間違いない。それが、理想の自分に近づき、自分のことを好きになる最善の方法だ。そして、自分を好きになれるというのは何にも代えがたい価値がある。自分とは四六時中、一生の付き合いだ。自分で自分のことを好きになれると人生がメチャメチャ楽しくなる。

だが時として、この行動基準があなたを苦しめてしまう要因にもなり得る。**「理想の自分ならどうするか」を基準に行動していると、理想の自分なら取るであろう行動が取れなかったときに失望感が襲ってくるのだ。**それはもう凄い勢いで。結果、理想の自分とは反する行動を取ってしまうたびに自己嫌悪に陥り、自尊心が下がっていく。

そりゃ、常に理想の自分なら取るであろう行動を取り続けられたらそんな最高なことはない。それが理想だ。だが、人間はそんなに強くない。ときには理想の自分が取るべき行動が取れないときもある。

そんなときは「**人間だもの！　しゃーない！**」と思っておけばいいと思う。自分に厳しく生きることも大切だが、適度な自分への甘さも大切だ。自分に厳しすぎると常に自己嫌悪に陥ったり、自尊心が脆くなったり、ストレス過多になったりで長続きしない。

普段は自分に厳しく、ときにはミスを犯しても自分を許してやるぐらいの気持ちを持ち合わせておくといい。何事もバランスが大事だ。10回に1～2回なら大丈夫だって。

ゆるーくいきましょう！人間だもの！

67

人への親切を、貫かない

親切は素晴らしい。親切は相手もあなたも幸せにしてくれる最高の行為だ。だが、軽い気持ちで人に親切にしないほうがいい。特に、**親切にする対象が身近な人の場合には注意が必要だ。**あなたが親切にするとその人はあなたの親切に依存し始める。そして、親切を当たり前だと感じるようになり、あなたが親切をやめると文句を言ったり、もっと酷いと恨まれてしまうことだってある。たとえば、あなたにはこんな経験がないだろうか？

同僚の仕事が大変そうだったときにたまたま自分は手が空いていたので助けてあげた。同僚からは感謝され人間関係も円滑になりお互いハッピーだ。問題はそのあと、同僚がより頻繁にヘルプを求めてくるようになったことだ。自分もいつも手が空いているわけではないが、お願いを断るのは忍びないしその人との関係が悪くなるのも避けたいのでもう2～3回ヘルプした。同僚は味を占めたのか、さらに図々しい要求を始める。流石《さすが》に言わないとまずいと思ったあなたは意を決してキッパリ断り、今後は基本的にヘルプしない旨を伝える。同僚げきおこ。普段から超感じ悪いし裏ではあなたの悪口や噂話ばかりしているそうだ……。

終

制作・著作
Testosterone

こっわ!!!!!　でもよくあるやつ!!!!!

この話は職場での例だが、ご近所さんや親戚付き合いでも同じような悲劇が起こっているのをよく目撃する。不注意な親切はお互いを不幸にしてしまうのだ。親切には中毒性があるようで、ヤクの売人がヤクの供給をやめたら怒り狂う人がいるように、親切の供給をやめたら怒り狂う人がいるのだ。

親切は素晴らしいが、誰彼構わず親切にしていると人間関係が壊れる原因になったりストレスの元になる。親切を貫くな。親切にする前にちょっと考えろ。

不屈の精神を、貫かない

成功するために必須の能力としてGRIT（グリット）と呼ばれるものがある。* これはペンシルベニア大学のアンジェラ・ダックワース教授が提唱した概念で、日本だと「やり抜く力」と表現されることが多い。成功するためのもっとも必要な要素は才能とか運ではなく、失敗や困難に直面してもめげずにやり続ける不屈の精神だという考えだ。

GRITはめちゃくちゃパワフルだ。GRITさえあればどんな分野においてもそこそこの結果が出せるだろう。だがじつは、**それこそがGRIT最大のデメリットでもある。**

なぜなら、GRITを持っていると、「本当は自分に向いていないこと」や「本当はそんなに好きじゃないこと」でも、ある程度の成果が出せてしまうのだ。あなたにはもっと向いている分野があるかもしれないのに、GRITのお蔭で今取り組んでいる分野でもある

*『やり抜く力』アンジェラ・ダックワース／ダイヤモンド社

程度の結果が出せているため他分野に挑戦する必要性を感じなかったり、「自分はこの分野に向いていているんだ」と錯覚し、自分の才能を活かしきれない分野に留まってしまう。俺はこれをマッチング問題と呼んでいる。「あなたが選んだその分野、本当にあなたにぴったりマッチしてるの？」という問題だ。ＧＲＩＴが強いと、この問題が発生しやすい。

どうしても成し遂げたいことがあるなら不屈の精神を貫けばいい。大好きなことや得意なことで大きな成果を出したければ不屈の精神が大いに役に立つだろう。だが、不屈の精神を自分の成し遂げたくないこと、好きでもないこと、得意でもないことのために貫くな。不屈の精神を貫く前に、己に**「ここは本当に不屈の精神の貫きどころなのか？」**と問え。

【←後日談】

俺は今ダイエット中である。そして、猛烈にケーキが食べたい。そこでふとこの章を思い出したので「ここは本当に不屈の精神の貫きどころか？」と自分に問うた。答えはイエスだった。２ヶ月後までに体重を5キロ落とすにはケーキなんて食べている場合じゃない。

結果、俺はケーキを食べた。俺にはＧＲＩＴがなかったのだ……。

クソ！　ＧＲＩＴが！　ＧＲＩＴがほしい！

69

好きなことのためにする苦労を、貫かない

日本には「苦労＝美徳」という価値観がある。「苦労は買ってでもしろ」と言われるぐらい日本では苦労が推奨されている。だが本当にそうだろうか？　たしかに好きなことをやり続けたければ苦労が必要なシチュエーションはある。だが、なんでもかんでも苦労すりゃいいってもんじゃない。

世の中には「無駄な苦労」と「有益な苦労」がある。苦労をするときは頭を使ってその苦労が無駄なものなのか有益なものなのか見極めないと、貴重な人生の時間を何の役にも立たない無駄な苦労のために費やすことになる。

たとえば、寿司職人の場合、〝シャリ炊き3年、合わせ5年、握り一生〟などという言葉があるぐらい一人前の寿司職人になる道は険しい。お店で下働きを何年も務めるなかで、

最初は雑用しかさせてもらえず、魚を触らせてもらえるのは弟子入りから数年後、客に寿司を提供できるようになるまでには5年以上かかるなんてこともあるようだ。どうしても寿司職人になりたい場合、これらの苦労をするべきだろうか？　俺はそうは思わない。たとえ好きなことのためとはいえ、思考停止して苦労をするのは避けたほうがいい。

「鮨　千陽」という店をご存じだろうか？　この店は、3ヶ月の飲食人大学寿司マイスター専科の卒業生と生徒だけで運営している業界のスタンダードに逆らったお店なのだが、なんと、開店から11ヶ月でミシュランガイドに掲載され、奇跡の寿司店などと言われ話題になった。苦労の量よりも質が大事ということを証明する良い例ではないだろうか。

もちろん、従来のやり方でしかたどり着けない境地もあるだろう。従来の苦労がすべて無駄なんて言うつもりはない。だが、仮にAさんが寿司を握ることが大好きで、目標が「寿司職人として食っていく」である場合、後者のやり方が圧倒的に早いことは確実だ。

苦労をしていると努力をしている感があって安心してしまうという側面もあるから注意が必要だぞ。どうせ苦労するならもっとも効率が良い苦労だけを選び抜こうぜ。苦労を貫くな。なるべくラクできるように工夫しよう。

70 自分のルールを、貫かない

私はずっと「和を乱してはいけない」と思って生きてきました
ニコ
ニコ
35歳女性・会社員
なぜそう思うようになったのか……
子どもの頃に親に言われた事や学校教育の過程でその価値観が植えつけられたのかもしれません
自己主張ができずやりたい仕事を同僚に譲ってしまったり残業や休日出勤を断れなかったり……
毎日が我慢の連続で職場では常にストレスを抱えていました
お願い!
はい
はい
いいですよ
お願いッ!
お願い!
転勤して?
そんなある日、中国の子会社への転勤を持ちかけられ断り切れずに赴任する事に……
…はい
グイ
最初の数ヶ月は本当にキツかったです
みなさんとてもたくましいのです
グイ

電車では乗る人も降りる人も同時に出入りし道を譲ることがなく
車の運転でもウィンカーを出すだけだと永遠に車線に入れません
入れて〜〜!!
ある日 私はふと悟りました
…
これ……
人に譲ってたら永遠に自分の順番まわってこねえな…?
何かが吹っ切れた私はその日から自己主張することに対して抵抗がなくなりました
入れろオラア〜!!
やりたいことを主張しないという事は自分の権利を放棄しているのと同じだと気づいたのです
そして そうなると別の中国の姿が見えるようになりました

中国の人は決して自分勝手なわけではありません自分の権利を守る習慣が身についているだけなのです
譲らないところは譲りませんが電車に乗っているとご老人や子供、妊婦さんに積極的に席を譲る光景を良く見かけます
私は自己主張をする事と親切でない事は別なのだと気付きました
自己主張＝ワガママ＝和を乱す＝良くない事
そんな風に考えていた私の価値観は完全に崩れ去ったのです
んーー！
今では自分の気持ちを抑えつけるストレスから解放されのびのびと仕事を楽しめています
なるほどいい話だな俺も数年間中国で仕事をしていたからすごくよくわかるぞ
うん

※中国の偉人たちをリスペクトしすぎて
とりあえず格好だけマネてみたTestosterone氏↑

この話のように「世間から押し付けられた価値観」を元に、自分ルールを創り出して苦しんでいる人は少なくない
こうするべき！
親
～すべき論
ルール
うーん
やっちゃダメ！
先生
～してはいけない論
他によくあるのは「他人に迷惑をかけてはいけない」「逃げてはいけない」「男／女はこうあるべき」とかだな
俺から言わせると
その自分ルール、本当に必要あんの？
だ。
あなたの中にある自分ルールを一度見直してほしい
そしてそのルールが苦しみしか生み出さず何の役にも立っていないならそんなルールは捨てちまおう
いや～しかしこの項だけ「自分のルールを、貫かない」を実践してマンガにしてみたんだけど実にオシャレなやり方だよね？
HAHAHA
なんかもう残り全部マンガにするのもアリだなアリよりのアリだな……
俺はもしかしたら「著者が頑張って文章を書かないといけない」という固定観念に縛られていたのかもしれないな……
は？
ちちち、ちげーし！
別にラクしたい訳じゃねーし！
勝手に出来上がってくるマンガがラクで味を占めた訳じゃねーし！
は？

71

努力を、貫かない

「努力は実る」「諦めなければ成し遂げられる」と、何の根拠もない言葉を信じてひたむきに努力を貫く。ぱっと見、とても素敵なストーリーだ。

だが俺に言わせたらこのストーリーは悲劇だ。現実を見つめようとせず、夢に逃避している者の物語に見える。

「努力は実る」という前向きな考えを持つことは大切だが、何の根拠もなしに「努力すればなんとかなるさ！」というお気楽な考えじゃダメだ。世の中はそんなに甘くない。自分の興味や才能を踏まえて戦場を厳選し、もっとも効率的な努力をリサーチして、その努力を徹底的に継続して、努力は初めて真価を発揮する。

頭を使って努力しないと努力は当然のごとくあなたを裏切る。深く考えず、「努力すればなんとかなるさ！」ってのは単なる思考停止に過ぎない。

気をつけてほしいのだが、**努力には中毒性がある。**人間は大きな目標を掲げて頑張っている自分に酔う。そして、人間は頑張っている他人を好きになって応援したくなる習性を持っているので、努力していると他人からもチヤホヤされる。

そんな状態が続くと、あなたは努力中毒になってしまう。努力にハマるというよりは、〝努力して自己陶酔している状態〟〝努力して他人にチヤホヤされている状態〟に快楽を覚えハマってしまうのだ。**努力が手段から目的と化してしまうということだ。**「目標は叶わないかもしれないけど、努力してる自分は素敵だよね」なんて感じで努力を現実逃避の道具のように使ってしまいかねないのだ。

もし仮に自分がそういう状態に陥っている自覚があるのであれば今すぐそんな努力はやめてほしい。

結果の出ない努力を貫いている自分に酔うな。徹底的に結果にこだわっていけ。もっと本気で努力と向き合え。生ぬるい努力なら貫くな。

72

成長を、貫かない

成長志向は素晴らしいものだ。昨日の自分を1ミリでも超えていく覚悟で日々を生きていればあなたは成長を続け、経済的にもキャリア的にも成功することができるだろう。そして、社会的には成功者とみなされることにもなる。成長志向、最高だな?

一見最高に見える成長志向だが、大きなデメリットがある。それは、**ちょっと油断すると成長志向は強迫観念に変化してしまう**ことである。「常に成長せねばならない」という意識を持って生きていると生活がストイックなものとなり、リラックスできなくなる。

一直線の成長などあり得ないので、ときにはスランプに陥ることもあるだろう。そして、そんなとき〝成長〟を最重要視する成長志向の人間は精神に大ダメージを受ける。成長できない自分に価値が見いだせず自己嫌悪するようになり、「もっと頑張らねばならない」「休んでいる場合じゃない」と強迫観念に襲われストレスフルな毎日を生きるようになる。この落とし穴にはまってしまうと、あなたの人生の助けになるはずだった成長志向はたちまちあなたの人生を不幸なものにする厄介な思考へと変わる。

自転車のタイヤのチューブに空気を入れすぎると破裂やパンクの原因となる。**「モアイズ　ベター（多ければ多いほどいい）」とは限らないのである。**適正空気圧ってもんがあるのである。

人間も同じだ。常に成長志向で肩ひじ張っていると破裂やパンクの原因となる。「成長もいいけど、ときには立ち止まって人生を楽しむことも大切だよね」というマッタリ思考も持ち合わせていないと人生はうまく回っていかないのだ。

同じ時代、同じ場所に生まれていたら俺の最大のライバルになっていたであろう中国の哲学者の老子って人も「知足者富」（足るを知る者は富む）という言葉を残している。満足することを知っている者は、心豊かに生きることができますよという教えだ。

成長も良い。だが成長を追い求めすぎるあまり満足をおろそかにしてしまってはダメだ。たまには成長を貫かないのもいいんじゃないっすかね！　そうだよね老子！

73

攻めの姿勢を、貫かない

死ぬ気でやるな。殺す気でやれ。

死ぬ気でやるってのは負けること前提の弱者の思考だ。玉砕覚悟の奴なんて何も怖くない。勝ちたきゃ殺す気でやるんだよ。相手を殺してでも自分が生き残ってやると覚悟を決めてかかってくる奴のほうがはるかに怖い。

……と、俺は前作で言った。この考えは反論できないくらい間違いがないし俺もこの考えに従って生きている。

だが、**攻めの姿勢を貫きすぎて相手を完膚《かんぷ》なきまでに叩きのめしてしまうと、それはそれで新たな問題を生んでしまう**ことを念頭に置いてほしい。

同じ時代、同じ場所に生まれていたら俺をめっちゃライバル視していたであろう中国春秋時代の軍事思想家に孫武《そんぶ》という男がいる。彼が著したとされる「孫子」という兵法書の中で、彼は、戦いの鉄則として次のように言っている。

「敵軍を完全に包囲して攻め立てるとかえって反撃が激しくなり、勝つのが大変になる。あえて相手の逃げ道をつくっておいたほうが楽に勝てる」

悔しいが、ムチャクチャ良いことを言っている。なんとか歴史を書き換えて俺が言った言葉にしたいぐらいだ。

彼は戦争の話をしているが、個人の戦いもこれと同じである。相手を殺すつもりになって攻めの姿勢を貫きすぎると、相手が折れるタイミングを失って、なりふり構わず反撃してくることがある。制圧できたとしても、恨みを買ってしまう可能性がとても高い。殺す気で相手を攻め込んだあとは、**「これぐらいにしておく？」「まあ、こちらも悪いところあったし」**と相手に戦いをやめる言い訳を与えてやると無駄な争いを長引かせずサクッと終戦させることができる。相手のプライドを守ることもできるので、その後アライアンスを組む選択肢すらも残せる。

攻めの姿勢を貫いたあとはちょこっと緩めてやれ。策士であれ。

74

感謝の姿勢を、貫かない

感謝の姿勢を持つことはメチャクチャ大切だが、「**それ、感謝のしすぎです！**」と突っ込みたくなることがよくある。感謝の姿勢を貫きすぎるというか、義理人情に厚すぎるというか、「そこまでする必要ないんじゃない？」と思うことが多いのだ。

たとえば、育ててもらった親に対して感謝の念がありすぎるがゆえに、就職先を選ぶときに「安定した大企業に入ってほしい」という親の希望に従って入社し、自分のやりたいことは後回しにしてしまう人。

親を安心させるために本当は結婚したくないのに結婚する人や、親を喜ばせるために子作りに励み孫の顔を見せてやろうとする人。

あるいは、口利きをしてもらった恩人のいる会社に入ったのだが、その恩人への感謝が強すぎて、そろそろ転職したいなと考えているのに申し訳なさを感じて転職に踏み切れない人。

感謝の思いが強すぎるばかりに、自分を犠牲にして他者に感謝の姿勢を貫いてしまう義理人情に厚い立派な人が日本にはとても多くいると感じる。そんな人たちの感謝の姿勢を美しいと感じる一方で、**自分の人生を生きてもいいんだよ、感謝の思いに縛られすぎなくてもいいんだよ**と俺は伝えてやりたい。

誰かに何かをしてもらったら「ありがとうございます」と感謝するのは当然のことだ。しかし、それが負い目になって自分の行動を縛るようになってしまってはいけない。1つのことにいつまでも感謝し続ける、自分を縛らせ続けると自分の人生を生きることができなくなってしまう。感謝は忘れるな。できることなら2倍にでも10倍にでもして恩返ししてやればいい。

だが、**過度な感謝には気をつけろ。**いくら感謝していても誰かのために不本意なことをする必要はない。それだけは胸に刻んで、どうか、どうか自分の生きたい人生を健《すこ》やかに生きてほしい。

75

ワクワクを、貫かない

自分の心の中にワクワクが湧いてきたら……**それは罠の可能性が高いから気をつけろ！**
たとえば、「このサプリを飲めば2週間で体重が5キロ落ちる」とか「このノウハウを使えば誰でも月収100万円」などと言われたらワクワクするよな？　人間のワクワクを煽《あお》るのは詐欺の常套手段だ。

少し極端な話をしたが、ワクワクには本当に気をつけてほしい。たとえば、ホームランをバンバン打ち物凄い年収を稼ぐ野球選手を見たら「自分もああなりたい」とワクワクするだろう。だが、そのホームランには別のストーリーがある。ホームランを1回打つために何万回もの素振りをし、同世代が遊んでいるときに歯を食いしばって練習を重ね、青春のすべてを犠牲にして血の滲むような努力を継続して、その中でも才能と運に恵まれた者のみがスター選手になりホームランを打てる厳しめなストーリーだ。こちらのストーリーにワクワクする人はほとんどいないと思う。**ワクワクの裏には、ワクワクの何百倍もの苦労が隠されているのだ。**その苦労を見ようとせず、ワクワクに身を委《ゆだ》ねるのは危険だ。

覚えておいてほしい。等価交換こそがこの世の原則だ。価値あるものを手に入れたければそれ相応の対価を払わねばならない。ワクワクは魅力的に見えるが、価値のあるものはワクワクではなく退屈の先に待っていたりするのである。勉強とか努力とかね、ワクワクしないけどあなたの人生を豊かにするには必須でしょ？　聖書にこんな言葉がある。

「狭い門から入りなさい。滅びに通じる門は広く、その道も広々として、そこから入る者が多い。しかし、命に通じる門はなんと狭く、その道も細いことか。それを見いだす者は少ない」（マタイによる福音書7：13）

さて、俺はいまローソンのプレミアムロールケーキを食べている自分の姿を想像してすごくワクワクしているのだが、このワクワクは滅びに通じる道なのか、それとも命に通じる門なのか……。

やらないよりもやる後悔！　ちょっとローソン行ってくる！

76

笑顔を、貫かない

無理して笑顔を貫く必要なんて全然ない。

泣きたいときは泣け！
怒りたいときは怒れ！
愚痴りたいときは愚痴れ！

自分の感情に対して忠実であることはメチャクチャ大切だ。そのときの自分の感情を誤魔化さず適切に喜怒哀楽を選択して発散する。これができるだけで気持ちが超楽になるはずだ。

無理に笑顔を作って自分を騙すよりも、悲しいなら泣いて、怒りたいなら怒って、その場その場で発散してしまえば負の感情が溜まっていかない。

無理に笑顔を作る必要はない。自分の感情に忠実になれ。ただ、泣いたり、怒ったり、愚痴ったりしたあとは、また笑顔になって前を向こう。

作った笑顔よりも、自然と出る笑顔が一番だ。無理に負の感情を抑え込まなくても最後に笑えればそれでよし！

77

学ぶ姿勢を、貫かない

現代人は情報過多だ。日々経済や政治、芸能から健康に至るまでありとあらゆる最新の情報が出回っている。そして、それらの最新情報を把握しておくことがデキる社会人の嗜《たしな》みのような空気すらある。俺は、そういった**最新の情報に脳のデータベースを割り当てるのはとても無駄なことだ**と思っている。

テレビ番組やニュースのキュレーションアプリのような万人が使える媒体で得られる情報をいくら頭にインプットしようと、それらは何の価値も生み出さないというのが私見だ。万人の持っている情報は世間話のネタにしかならない。膨大な情報を次から次へと浴びていると自分は最新の情報をどんどんインプットして有意義な学びを得ていると錯覚しがちだが、**情報と知識は別**ということをしっかり認識してほしい。

情報とは日々アップデートされていくものであり、知識とは体系立ててまとめられた価値ある情報の複合体である。情報をいくらインプットしても学びは得られず、知識をインプットすることで初めてあなたは賢くなる。現代人は情報と知識を区別せず、情報のインプットにばかり精を出してしまっている人が多いと感じる。

断言するが、毎朝最新のイスラム情勢の断片的な情報を得るよりも、著名な作家が書いた評判の良いイスラム文化に関する本を1冊読んだほうが100倍の学びがある。その本から得た知識の眼鏡を通してニュースを見れば、今までは単なる情報に過ぎなかったニュースが知識として脳にインプットできるようになるかもしれない。それは、本で学んだことによってあなたの中に「イスラムに関する知識」という箱ができたからだ。

おさらい。**毎日テレビやスマホで情報を収集してそれで学んでいるつもりになってはいけない。そして、俺はあなたに本を読むことを強くおススメしたい。**

1つだけ、いい本の見分け方を教えておくからよーく聞いてくれ。サングラスを掛けたダンディーでマッチョな男のイラストが描かれた本はまず間違いなく名著らしい。ハズレがないらしい。ここだけの話。

健康的な生活リズムを、貫かない

心身ともにボロボロになって不健康になりたいならね！（そんな人いんの?!）

健やかに生きたいのなら健康的な生活リズムはガッツリ貫いておこう。前作でも同じことを書いたが、本当に大事なことだから繰り返すぞ。

①8時間寝る（最低でも7時間！）

②食生活を整える
③週3日運動する（最低でも2日！）

この3つはマジで死ぬほど大切だから何が何でも貫け。

絶対に後悔しないから。この世でもっとも間違いのない最高のアドバイスだから。高いセミナーや情報商材の100倍は価値があるから。

この3つが王道にして最強。俺を信じて。

79

当たり前を、貫かない

当たり前のことを当たり前にやっていたらエキサイティングな人生にならない。何をやるにせよ、「ありえないでしょ」「やったらアホでしょ」ぐらいのことをやるから人生はおもしろくなる。誰でも思いつくお利口なことやったっておもしろくない。**エキサイティングな人生を送りたければ常識からどんどん外れていけ。**狂ってると思われるぐらいで丁度いい。成功しても失敗しても伝説になるぐらいのことやっていこう。そっちのが楽しいよ。

1997年、一度は経営者の立場から追い出されたスティーブ・ジョブズが再び戻ってきたアップル社は、「Think different」というキャッチコピーの広告キャンペーンを行い大きな話題になった。そのCMで登場したのはボブ・ディランやキング牧師、ジョン・レノンやオノ・ヨーコ、エジソン、モハメド・アリ、ピカソなど、各界の「当たり前」をぶち壊してきた偉人たちだ。もちろん、先に名前を挙げた人たちほど革新的で反骨的になれと言っているわけじゃない。だが、自分がやってみたいと思ったことは、たとえ「当たり前」から外れていようともやってみたらいいじゃないか。人生は一度きりだ。自分の生きたい人生を生きたらいい。**「当たり前」が嫌ならそれに従う必要なんて全然ない。**異端と呼ばれる存在はまず笑われて、次に批判されて、最後は賞賛されるもんだ。その道を目指すのも大いにありだ。

ちなみに、この本の「著者本人が前作と正反対のことを主張する」というコンセプトも関係者にメッチャ反対された（笑）。「著者が前著を否定するのはマズいでしょう」「前作が台無しになってしまいますよ」と厳しいお言葉をたくさんいただいた。が、俺はどう考えてもこの本のコンセプトは最高だという確信があったので突っ切ることにした。この本をもって、狂っているからこそおもしろいというコンセプトを少しでも読者のみなさまにご理解いただければ著者冥利《みょうり》に尽きる。

P.S. 反対を押し切って書いたのでアマゾンで五つ星のレビュー書いてくれないと俺とても困る。読者のみんな……信じてるね……（潤んだ瞳）

我が道を、貫かない

我が道なんていう効率の悪いルートを行く必要は一切ない。

あなたが今やろうとしていることはこれまで何千、何万の人々が既《すで》にやってきたことだ。そして、ラッキーなことにグーグルという素晴らしい検索エンジンでちょっと調べればあなたのやりたいことを成し遂げるためのもっとも効率的な方法が既に体系化されている。せっかく先人たちが苦労して得たノウハウが残っているのだからそれを使わない手はない。

ものすごいスピードで成長できる奴の共通点として、やり方にこだわらないというものがある。目的だけはブレさせず、もっとも効率的な手段をガンガン採用していくのだ。

逆に、成長スピードが遅い奴に共通していることもある。それは、「自分のやり方でやりたい」という妙なプライドを持っていることだ。より良いやり方があるかもしれないのに、かたくなに受け入れようとせず我が道を行く。

ハッキリと言おう。**何かにおいて上達したければ、それをもっとうまくやっている人間を3人見つけ、その人たちを真似するのが最速にして最強の方法である。**変にオリジナリティーなど出す必要はない。人間には個性があるので、真似をするだけでも個性は後ほど開花するものだ。心配しなくていい。

我が道を行くという頑固な姿勢を貫いていると、周囲の人間の助けが得られないという弊害もある。「どうせアドバイスしてもこいつは聞き入れないからな」と思われたらアドバイスがもらえなくなるし、そういう人間を助けてやろうなんていう変人は滅多にいないもんだ。頼ってくれたり慕ってくれたりする人間の力になりたいと思うのが人情だ。

我が道を貫いたっていいことなんて1つもない。

目的地は1つだが、ルートはいろいろある。変なこだわりでルートを選《え》り好みするな。

最短のルートで行こうぜ。

第6章 決めない

Empty your mind, be formless, shapeless—like water.
心を空にせよ。型を捨て、形をなくせ。水のように

Now you put water into a cup, it becomes the cup,
カップにそそげば、カップの形に

you put water into a bottle, it becomes the bottle,
ボトルにそそげば、ボトルの形に

you put it in a teapot, it becomes the teapot.
ポットにそそげば、ポットの形に

Now water can flow or it can crash.
そして水は自在に動き、ときに破壊的な力をも持つ

Be water, my friend.
友よ、水になれ

——ブルース・リー（武道家・俳優）

ブルース・リーが言ってるから100%間違いない（ブルース・リーに対する謎の絶対的な信頼）。決めたらシェイプレスになれないぜマイフレンド！

81

根拠のない自信を持つと、決めない

最初から実績がある奴なんていないんだから、はじめの一歩を踏み出すときは根拠のない自信を拠り所にするといい。というか、そうするしかない。

周囲に否定的なことを言われようと、「なんかできる気がする」「イケる気がする」という己の根拠のない自信を信じて突き進め。そういう気持ち、勢いはメッチャ大切だ。

だが、**いつまでたっても根拠のない自信に頼り続けているようでは大問題だ。** はじめの一歩を踏み出し、継続的な挑戦と努力を重ねていけば、成功体験の積み重ねだったり、圧倒的な努力の量だったり、根拠ありきの自信が湧いてくるはずなのだ。それなのにいつまでたっても「根拠のない自信が大事だから」と、自分の自信に根拠がないことに疑問を抱かないのは単なる現実逃避である。

根拠のない自信なんて文字通り根拠がないいんだから、いつ消えてなくなるかわかったもんじゃない。根拠のない自信は、自信を持つべきじゃない根拠に出逢ってしまった瞬間にぶっ飛ぶ。強いように見えて脆弱なのだ。

だが根拠のある自信はそう簡単には揺らがない。成功体験から得られる自信や、積み重ねてきた努力の絶対量から得られる自信には幹があるのでちょっとやそっとでぐらつくことはない。

あなたが手に入れるべきは根拠のある自信だ。根拠のない自信はあくまでもはじめの一歩を踏み出すためのもの。そこに少しずつ成功体験や努力を肉付けしていくことで揺るぎない本物の自信にしていくことこそがあなたのミッションだ。

根拠のない自信なんてなる早で捨てちまおう。

82

才能をフル活用すると、決めない

社会には「評価されやすい才能」と「評価されにくい才能」がある。たとえば、「折り紙を折るのがめちゃくちゃ上手い人」がいても、折り紙だけで生計を立てるのは難しいだろう（現代なら「折り紙ユーチューバー」として活躍できるかもしれないが、話がややこしくなるのでその可能性は置いておこう笑）。自分の才能をフル活用しても社会がその才能を求めていなければ人生がハードモードになってしまう可能性があるのだ。

才能は「**才能×社会的ポイント**」で考えるといい。

たとえば、あなたに折り紙の才能が100ポイントあって、営業の才能が40ポイントあったとする。社会的ポイントは折り紙が「0・1」で、営業が「1・2」だったとしよう。総合スコアは次のようになる。

・折り紙の総合スコア＝才能100×社会的ポイント0・1＝10
・営業の総合スコア＝才能40×社会的ポイント1・2＝48

この場合、折り紙に自分の時間や労力をフルコミットするより、営業の才能を少しでも開花させていく戦略で行くほうが得策かもしれない。収入や社会的地位（そもそも俺はこの言葉自体が嫌いだ！）で人の価値は決まらないが、**ある程度の収入と社会的地位**（わかりやすい言葉だから使い続けるが俺はやっぱりお前が嫌いだ！）**がないと人生がストレスフルになってしまうのもまた否めない。**

そこにニーズがなければ才能があっても意味がない。ニーズを無視して自分が持っている一番の才能をフル活用することだけにこだわることはおススメしない。

俺は常々思っているのだが、**「自分の才能が今の時代・社会と合っているか否か」、こればっかりは運だ。**俺たちにできるのは今の時代・社会のニーズを見極め、己のどの才能を使えば最大のアウトプットが出せるか戦略を考えて動くことだけである。

時代・社会を変えるのは難しいが、戦略を変えるのは比較的容易にできる。もっとも優れた才能に飛び付くな。もっとも今の社会と相性の良い才能を冷静に見極めろ。

83

健康を守り抜くと、決めない

寝たきりで老後を過ごしたいならね！
（そんな奴は地球上にいねえ！）

人生を最後まで楽しみたいなら、健康は何よりも優先して守り抜こう。
前作でも同じことを書いたが、本当に大事なことだから繰り返すぞ。

健康を犠牲にしてまでやる価値のあることなんてこの世にはない。絶対にだ。

俺たちは近々人生100年時代に突入する。俺は確信しているが、人生100年時代においてぶっちぎりでもっとも大切な資産は〝健康〟となる。断言させてもらうが、仕事や家族、恋愛など、人生において大切な事柄はすべて健康という土台の上に成り立っている。それだけじゃない。食事やスポーツ、旅行など、人生におけるすべての娯楽もまた健康という土台の上に成り立っている。健康を失うと総崩れになるからマジで注意してくれ。実際、死の間際にいる人が後悔することの1つは「健康を大切にしなかったこと」だという。*

もう1つ、**「健康でいることが一番儲かる」**ということも覚えておいてほしい。病気になれば治療費や入院代がかかるし、自分の労働力を換金できなくなる。働けない期間によっては、健康を害するだけで数千万〜数億円の損失になるのだ。

貯金や投資をしている人もいるだろうが、俺に言わせれば健康管理こそが誰にでもできてもっとも効果的な資産運用だ。よく寝て、運動して、健康的な食生活を心掛けよう。特に若い世代、年金ちゃんともらえるかどうか怪しいしね……（ため息）。

最後に一言。

死ぬ気でやるなよ。死んじゃうから。

＊『死ぬときに後悔すること25』大津秀一／新潮文庫

目標達成のためにはなんでもやると、決めない

これは競争の激しい世界、たとえば世界の金融センターであるウォール街における出世争いか何かで想像してもらうとわかりやすいのだが、ああいった厳しい世界では目標達成のために手段を選んでいると勝ち上がることがとても難しい。

今はコンプライアンスが厳しいので知らんが、少なくともそういう時代があった。同じ会社の仲間を蹴落《けお》としたり（倫理観が犠牲に）、何日も家に帰らなかったり（家族が犠牲に）、日々徹夜で働いたり（健康が犠牲に）、法律に反しない限りはセーフということでグレイゾーンぎりぎりのことをやらねば勝ち残れない時代だ（クソ！　また倫理観が犠牲になっちまった！）。その結果、高収入、権力、尊敬など、その人が目標としていたものを手に入れたとしよう。だが、そのときになって「じつは自分が手に入れたものよりも捨ててき

たもののほうが大事だったんじゃないか」と気づき虚無《きょむ》感に襲われる者も少なくない。そして、往々にして失ったものを取り返すのはとても難しい。

そもそも、**俺たちはつい「目標さえ達成すれば幸せになれる」と考えてしまいがちだが、そりゃ幻想だ。**一番楽しいのは目標達成までの道のりであって、目標を達成したときに得られる喜びや満足感はそう長くは続かない。「どの洋服を買うか迷っていたときのほうが実際に洋服を買ったときよりも楽しかった」なんてこと、みなさんにも経験があるのではなかろうか？

大事なのは目標までの道のりなのだ。道中でさまざまなものを犠牲にして苦しみながらもなんとかゴールに到達し、宝箱を開けてみたら空っぽだったなんてことにならないように注意してくれ。**大切なものは失ってみて初めて気づく。**目標達成のためだからといってなんでもやるな。手段は選べ。

ところで、俺今ダイエット中で、ケーキ（350kcal）を食べるのを我慢するか、ケーキを食べるために30分ランニングするか（350kcal消費）で迷ってるんだけど、走るの大嫌いだけど走ることに決めたよ！　ケーキを食べられるなら手段は選べねえ！

85

人を褒めまくると、決めない

褒めるべきところがあるなら褒めたらいいが、お世辞のようにウソをついてでも、無理をしてでも相手を褒めることにはデメリットが多い。

(1)お世辞ばかり言っていると相手は自分の欠点に気づかないのでいつまでたっても成長しない。

(2)成長しない人間はあなたにストレスを与え続けるが、過去に褒めてしまった手前、後からでは指摘しづらい。

(3)「あの人はなんでも褒めてくれる」と相手に思われると、好意は持たれるであろうが、甘い人だと認識されてしまい手を抜かれたりすることが増える。

（4）周囲の人を甘やかしすぎた結果、表面上はうまくいってるように見えても、ボタンの掛け違いで起こる様々なトラブルの対処をすべてあなたがせねばならずイライラMAX。

めっちゃシンプルな話で、褒めるべきときは褒めたらいいし叱るべきときは叱ったらいい。「絶対に褒めなくちゃいけない」なんていう概念にとらわれているとあなたのためにもその人のためにもならないので気をつけてくれ！

褒めるときは褒める！
叱るときは叱る！
メリハリが大切です！

86

他人はみな教師と、決めない

「他人はみな教師である」とは、どんな人からも学ぶべきことがありますよ。尊敬できる人から学びが得られるのはもちろん、たとえまったく尊敬できない人でも反面教師にすれば学びが得られますよ。という意味の言葉だ。

この言葉は正しいが、ハッキリ言ってこの言葉は尊敬できない人とどうしても時間を過ごさねばならないときのみに使うべき苦肉の策みたいなもんである。理想を言えば尊敬できる人だけから学んだほうが良いに決まっているし、そういう環境に身を置けるよう努力すべきだ。

そもそも論として、**あなたは尊敬できない人間とは極力お付き合いをするべきではない。**

「他人はみな教師である」を信仰しすぎて、尊敬できない人からも何か学ぼうと長い時間をともに過ごしてしまうようでは本末転倒だ。

尊敬できない人間とはなるべく関わるな。どうしても関わらねばならないときのみに限り「他人はみな教師」を発動しろ。

風邪やインフルエンザの人がいたらうつらないように避けるよな？　それと同じぐらいの勢いで異常に暗い人、ネガティブな人、攻撃的な人、噂話の好きな人、愚痴や陰口ばかり叩く人、他者に敬意を払えない人や偉そうな人といった尊敬できない人との交流は避けたほうがいい。

暗い雰囲気、ネガティブな態度ってのは思っている以上に伝染力が強く、そういう人と一緒にいるとストレスが溜まるし、あなた自身の人格にも悪影響を及ぼす。逆も言える。尊敬できる人といれば楽しいし、あなた自身の人格にも好影響を及ぼす。

尊敬できない人から学ぶ努力よりも尊敬できる人たちから学べる環境に身を置く努力をしろ。尊敬できない人から学ぶ努力よりも尊敬できない人と縁を切る努力をしろ。尊敬できる人から学んだほうがはるかに楽しいし学びが多いんだ。無理して尊敬できない人から学ぶ必要はない。

87

気乗りしない誘いは断ると、決めない

心理学の用語で「コンフォートゾーン（快適な領域）」というものがある。不安などがなく、落ち着いた状態でいられる環境のことだ。コンフォートゾーンを確保するのは大事だが、だからといってずっとコンフォートゾーンの中にいることにも問題がある。

たとえば、自分が慣れている相手、やり慣れた領域の仕事をするのは、手順やコツなどがわかっているからすごく楽だ。しかし、同じ仕事ばかりやっていると成長がない。

コンフォートゾーンの中に留まっているとエキサイティングだったはずの日々がいつしかルーティーンワーク化してしまう。だからたまにコンフォートゾーンを抜け出し、新しい刺激や緊張感が得られる環境に身を投じることも大事なのだ。

新しい刺激やヒリヒリとした緊張感は成長の起爆剤だ。普段は取り組まない領域に挑戦すれば学ぶことが不可避であり、新たな人脈との交流もまた成長を促進する。
コンフォートゾーンを抜け出すのは気が乗らないだろうが、コンフォートゾーンを抜け出すことで成長せざるを得ない環境を強制的に創り出すことができる。

成長したい人、自分の可能性を広げたい人は気乗りしない誘いにもどんどん乗っていけ。

あなたにオファーしてくれる人がいるということは、相手は「あなたならうまくできそう」「あなたに是非やってほしい」とあなた自身が見いだせていない適性や可能性をあなたの中に見いだしてくれているのだ。

感謝して、一度ぐらい乗っかってみてもいいではないか。一度やってみて合わなかったら次は断ればいい。これは仕事でもプライベートでも一緒だ。

自分で自分の可能性を狭めるな。たまには自分らしくないこともしてみろ。気乗りしないと思っていたことでもやってみたら案外楽しかったり新たな発見があるかもしれない。

気乗りしない誘いに乗ってみるのもたまにはいいもんだぞ！

88

やりたいことはすぐにやると、決めない

やりたいことができたからといってすぐにやるのはやめておけ。一昔前だったらやりたいことはすぐにやるのが正解だった。「事前に調べて得られる情報」と「実際にやってみて得られる情報」に圧倒的な格差があったからだ。後者のほうが圧倒的に有利な選択だったのだ。情報が簡単には手に入らなかった時代には、「やりたいと思ったらすぐにやる」に大きな価値があった。

しかし、今やインターネットや膨大なる書籍の普及により、ありとあらゆる情報があっという間に手に入る便利な時代になった。つまり、**「事前に調べて得られる情報」と「実際にやってみて得られる情報」の格差が限りなく縮まったのだ。**「調べるという行為の飽和点（それ以上調べても意味ない）が上がった」とも表現できる。

得られる情報のクオリティーと量が限りなく高まったので、やりたいことができたらいきなり実行するのではなく、**まずは徹底的にリサーチすることをおススメしたい。**あなたがやりたいと思ったことは、すでに多くの人が実践していて、貴重な経験や情報をネット上で公開していることが多い。1日使って調べればかなりの情報が手に入る。それらを手に入れてからやるかやらないかを決めたり、やるならどういう戦略でやるかを考えて、それから実行に移したほうがはるかに効率的に楽しめる・実行できるだろう。

ググって終わりという人は多いと思うが、本を読むこともおススメしたい。本はその分野の専門家の著者が既に膨大なリサーチをして、それを一般の読者にも理解できるよう体系立ててまとめられているので重要な点を素早く学べるうえに自分で調べる手間も省ける。ググって断片的な情報を得るよりも圧倒的に効率が良い。

自分で考えるのが苦手な人や調べるのがめんどくさい人ほど、同じ課題について恐らく自分より賢いであろう人が考え抜いて書いた本を読めばいい。その考え方をそのまま脳にインストールするのだ。おっと、少し話がズレちまったな。それでは結論です！

人生は一度きりだ。衝動的にではなく計画的にやりたいことやっていこう！

運は自力で引き寄せると、決めない

前作では「運は引き寄せるもんだぜ！」とカッコつけて言ったが、世の中には**「いくら努力しても引き寄せようのない運」**がたくさん存在する。たとえば身長とか、顔とか、才能とか、あるいは金持ちの家に生まれるとか、教育熱心な親に育てられるとか、人との出逢いもそうだ。もちろんこれらの条件だって、個人の努力でかなりカバーできる。だが、努力の要素よりも運の要素が圧倒的に大きい事柄も多い。

クリス・ヒューズという人物をご存じだろうか？　彼はハーバード大学でマーク・ザッカーバーグとルームメイトになり、フェイスブックの共同創業者となった人物だ。結果、彼は数億ドルの資産を手に入れる。

誰かの成功を運で説明するのは失礼なので俺は普段は言わないんだが、彼は自著で

「フェイスブックでの経験は、たとえるなら宝くじに当選する感覚に近かった」

「マークは天才だが僕は違う。運が良かったのだ」

と述べている。もちろんヒューズもハーバード大学に入学できるくらい頭がよくて努力家だったからザッカーバーグのような天才のいる環境に身を置けたのだが、ザッカーバーグとルームメイトになるかは運による要素が大きい。彼の著書『FAIR SHOT』＊は、運の良し悪しが何世代かかっても解消できないほどの格差を生む「勝者総取り社会」を変革する具体的な政策に関して論じられた本だ。興味のある人は読んでみてほしい。


話を戻そう。どれだけベストを尽くしてもちょっとした運のなさで失敗することはザラにある。なんでもかんでも「運が悪かった」と言い訳をするのは良くないが、自分でやれることを全部やりきり、自分に誇りが持てるやり方を貫いたなら、そんなときは潔《いさぎよ》く**「運が悪かったぜ！」**と開き直っちまえばいい。ベストを尽くした人間に自責は似合わない。ベストを尽くして、それでも失敗したなら、すべて運のせいにしちまおう！　緊急事態宣言が解除されてしばらく経つのにまだ一度もデートに行けていない、そもそもデートに行く相手がいないのは運のせいだ。そうに決まっている。

＊邦題『1％の富裕層のお金でみんなが幸せになる方法』クリス・ヒューズ／プレジデント社

90

先に謝罪すると、決めない

プライベートで、たとえば友人や恋人とケンカしてしまったときなど、あなたのミッションが「最速で仲直りすること」であるならば安いプライドや細かいロジックなんて投げ捨てて自分から先に謝ってしまうのは良い戦略だ。

だが、ことビジネスシーンや交渉事において、とりあえず先に謝っておくというスタンスは厄介な事態を引き起こしかねない。

とりあえず謝っておけばいいやと気軽に謝罪をしてしまうと、「**謝罪したということはそちらに非があることを認めたということですよね**」と相手に言質《げんち》を取られ、それを軸に事態はあなたに不利な方向へと進んでいってしまうからだ。

こちら側に非がないのであれば堂々とした姿勢で話し合いに臨まねばならない。どちらかが非を認め謝罪をしなければいけないトラブル下において、責任の所在というのはとても大切だ。この話し合いで負けたほうが金銭的負担なり社会的なダメージを負う。

これはもはやスポーツの試合みたいなもんだ。恨みっこなしで徹底的に競い合ったらいい。もちろん、こちら側が悪いのであれば非を認めて謝るべきだが、そうじゃない場合は一歩も引くな。**謝れば状況が不利になる。**

とりあえず謝るという行為をサッカーに例えると、ボールをとりあえず相手チームにパスするようなもんだぞ。

先に謝るな。先に謝らせろ。

91

運命には従わないと、決めない

見出しに否定形が続いてわかりにくいが、要するに俺はみなさんに**「運命に従ってみるのもアリなんじゃない？」**ということをお伝えしたい。スピリチュアルみたいな話になるが、俺は巡り合わせとか人間の第六感ってのを信じていて、運命を感じたら「運命じゃねいくしかなくね？」というノリで迷わず突っ走ることが多い。その分失敗も多いが、運命を感じるほどのことに出逢えたのに行動に移さないと必ず後悔するので、そういった意味でも俺は運命を感じたら基本的に乗っかることを信条としている。

あなたもこれまで生きてきたなかで「これは運命だ！」と感じた経験が一度くらいはあるんじゃないだろうか。本屋さんで同じ本を同時に取ろうとして手が触れ合う的なやつ。そこまでドラマチックじゃなくても、街で久々に昔の同級生と再会したら職業が一緒だったとか、ニッチな趣味が被ったとかさ。そういうときは運命に乗っかって告白しちゃえばいいと思うよ（その子が気になるならね）。成功するかどうかは知らんけど。告白するのって勇気いるけど、「運命に違いない！」と思えたら少しは勇気が湧いてくるでしょ。

あるいは、大企業への就職や公務員になることを計画していた安定派の人がたまたま見た映画や読んだ小説などに異常に感化されて「俳優になりたい！」「小説家になりたい！」という気持ちがムクムクと湧いてきたとしよう。それはもう運命としか思えないほど強烈な思いだ。そういうときもやはり運命に乗っかって本当に目指せばいいと思うのだ。

運命を自己暗示に変え、言い訳に利用し、大胆な行動を起こすキッカケに利用するぐらいのつもりでいないと、人はなかなか思い切った決断ができない。ということで、運命を感じたら大胆な行動を起こす燃料として利用しちゃおう。

この前ローソンに行ったら重量と厚さが2倍のプレミアムロールケーキ×2に出逢って衝撃を受けて、しかもそれが2020年6月よりスタート、毎月5日と6日にしか発売されないと聞き、運命を感じたので即購入即完食しました！　ダイエット中でしたけど悔いはありません！　最高に美味でした！

自分の機嫌は自分で、決めない

「自分の機嫌は自分で取る」という言葉があるように、個人には周囲を嫌な気持ちにさせないよう常にご機嫌でいることが求められる。どんな理由があろうと、常識のある個人であれば常に己の感情をコントロール下に置くべきという空気感を社会が共有し、「感情的になるのはみっともない」という同調圧力として日本で生きるすべての者に重くのしかかる。そりゃあいつもプリプリしていて場の空気を悪くする人がいれば問題だ。だが、俺はそれと同じぐらい、**「感情を押し殺さないといけない社会」**にも問題があると思っている。

感情は抑えつけているといつか必ず爆発する。感情は適切に処理してやらないと、許容量を超えたダムが崩壊して大惨事になるように、溜まりに溜まった負の感情がいつか大爆発を起こしてしまうようにできている。世間を騒がす殺人や放火事件、日本のとても高い自殺率などは我慢に我慢を重ねた末の最後の爆発に他ならない。負の感情は生まれた瞬間にこまめに処理していくべきだ。**もっとカジュアルに怒ったり悲しんだりするといい。**

また、リアルの場では負の感情が吐き出しづらいため、そういった負の感情を吐き出す絶好の場所としてインターネットを利用する者も多い。SNSや某掲示板等、インターネット上の誹謗中傷《ひぼうちゅうしょう》は社会問題と認識されるほどの酷さだ。

これらは常に上機嫌でいることが求められる現実社会で溜まったストレスを発散するための代償行為である。現実社会で発散できないうっぷんをすべてネット社会で発散させているのだ。徹底的にストレスのはけ口のない現実社会、それらを吐き出すためのネット社会、極めて不健康な構図である。

さて、既成事実かのように偉そうにいろいろと考察を述べてきたが、すべて俺の持論であって何の根拠もない妄想だ！　良い機会だ！　怒る練習をしてみよう！

「てめえの妄想を既成事実のように語ってんじゃねえ！」

と俺に怒ってみろ！　さあ！怒って！　最近あんまり怒られてなくて怒られたい気分なんだ！　怒って！　さあ‼早く！　……取り乱しましたごめんなさい。次行きましょう。

93

仏の顔は二度までと、決めない

「仏の顔も三度まで」という言葉があるが、俺に言わせりゃ甘い。甘すぎる。**一発目でバシッと言っとけ。**

たとえばセクハラとか、いじめとか、本当に嫌なことをされたら一度目でもバシッと「やめてください」「それは嫌です」と口に出して伝えよう。そういうことをする奴らは一発目でバシッと言っておかないと合意と勘違いしてどんどんエスカレートしていくんだよ。

だから、「次にやったら黙っていませんよ」という自分のスタンスを明確に相手に伝えねばならない。もちろん、いきなりブチ切れていたら生活に支障が出るので、角《かど》の立たない程度に、だが強い意志を持ってハッキリとだ。

もしそれでも二度目が起きたらどうするか。**これはもう確信犯だからガッツリ怒ってや**

ればいい。一発目の警告でわからない相手なんだから、角が立たないように注意しても恐らく効果はないだろう。角が立ってもいいからバシッと言っとけ。

三度目が起きたら？　これはもういくら注意したり怒ったりしても意味がない。**その人のために腹を立てたり悲しんだりすること自体がもったいないくらいのどアホだ。**そういう場合は相手のことを人間の話が通じない宇宙人か何かだと思って今後一切の関わりを断とう。

もしそれができない場合は会社の人事に訴えるとか、裁判するとか、自分だけでなんとかしようとせず事務的に処理しよう。相手するだけ損だからなるべく外注で。会社のマネジメント層、弁護士、警察、先生、頼れそうなもんは全部頼れ。

自分で戦う必要など一切ない。相手するだけ時間と感情の無駄。感情スイッチをオフにして淡々と社会的制裁を加えてやるといい。

94

自分の可能性は自分で、決めない

子どものころは誰だって自分の可能性を信じている。「宇宙飛行士になりたい！」「プロ野球選手になりたい！」「芸能人になりたい！」など、子どもたちは自分の夢を堂々と掲げ、それが叶うことを信じている。

しかし、その自信も人生が進むにつれ徐々に崩れ去っていく。学校や社会で競争を強いられたり、自分より明らかに優秀な奴らを目撃したり、周りと比べられたり、ランク付けされたり、受験や就活で失敗したりといった経験が続くことで人はだんだん自分の「天井」を感じ取ってしまうのだ。そしていつしか人は、「どうせ自分なんて……」「現実的に生きていこう……」と、自分の可能性を信じることをやめてしまう。

ハッキリ言って、社会はあなたの自信を削ぎ落とすようにできている。であるからして、

「自分の可能性を信じろ！」と言っても人々にはなかなか響かないのが現実である。であるならば、**自分の可能性を自分で決めることを放棄してしまえばいいのだ。**

自分の可能性を自分で決めると恐らくあなたは「どうせ自分なんて……」「現実的に生きていこう……」に落ち着く。だから、自分の可能性はあなたをやたらと大きく見積もってくれる、良い評価をしてくれる他人に決めさせてみろ。

たとえばあなたの家族や仲のいい友だち、会社の上司などが「あなたならできるはずだ」「あなたにはこんな才能がある」など、自分が考えていた以上の可能性を提示してくれたらそれに全力で乗っかろう。「そんなことありません」「買いかぶりすぎですよ」と否定したり卑屈になったりせず、**「他の人がそう言うならそうなのかもしれない！」**と素直に乗っかってみるのだ。

社会の構造上、自分の可能性を自分で決めてしまうと小さくまとまってしまう可能性が高い。あなたを信じてくれる人、あなたを評価してくれる人に出逢ったら、神様からあなたへのメッセージだと思って全力で感謝し、乗っかろう。過大評価だろうがなんだろうが、それが自信を取り戻すキッカケになるなら上等だ。自分の可能性は自分で決めるな。

仕事は「好き」か「得意」かで選ぶと、決めない

仕事は人生の大半を占めるため、仕事選びはあなたの人生の幸福度にもっとも深く関わる選択と言っても過言ではない。そして、仕事選びにおけるよくあるアドバイスとして「好きなことか得意なことを仕事にせよ」というものがある。俺もこの意見には賛成なのだが、この考え方だけにこだわっていると落とし穴にはまる可能性がある。

たとえばあなたの好きなことがマンガを描くことだったとする。それを仕事にしようと思ったら、いきなり自分の作品を発表して食っていける天才でもない限り、マンガ家の先生のもとでアシスタントとして働くことになるだろう。そこであなたは痛感する。

「自分が好きだったのは誰にも指図されず物語を考えマンガを描く創作活動であって、マンガを書く作業そのものはぜんぜん好きじゃない！　このままだとマンガを書く行為自体

を嫌いになってしまう！！！」

……と。これが、**「好きなことを仕事にすると嫌いになってしまうかもしれないよ」**の舞台裏である。せっかく好きだったことが嫌いになってしまう可能性があるのなら、別の職業で生計を立てながら趣味は趣味として楽しむのもスマートな選択である。これは業界にもよるのだが、マンガ家やアーティスト等、勝者総取りの構造（参加者に対して勝者の数が圧倒的に少ない）を持った業界ではこの考え方はとても大切になる。医者や弁護士は険しい道とはいえ勝者は多い（努力が報われやすい）。マンガ家やアーティストは険しい道であり、その上勝者が少ない（努力が報われにくい）。そういった構造の業界に挑むときはそれなりの覚悟が必要だと覚えておいてくれ。

さて、次は「得意」にメスを入れようか。他の項目でも少し触れたが、**あなたの「得意」がお金になるとは限らない。**残念なことに、どれだけ得意なことも社会的ニーズがなければあなたの「得意」はお金にならない。「好き」「得意」のみに絞って仕事を選ぶ危険性がわかってもらえただろうか？「好き」か「得意」に自分の選択の可能性を縛りつけるな。もっと自由な発想でいこう。あなたが満足のいく仕事に出逢えることを祈ってるよ。

96

過去の自分と決別すると、決めない

自分を変えたい。変わりたい。あなたがそんなふうに考えているなら俺はあなたに拍手を送りたい。おめでとう。「過去に何度も自己改革に失敗してきたが本当に自分を変えることはできるのか？」という不安は誰にでもあるだろうが安心してほしい。変わりたいという意志がある限りあなたは必ず変わることができる。

だが、ここで大事なことがある。**自分を変えるためには過去の自分と決別しようとしてはいけない**ということだ。自己改革と言うと、「過去の自分はきれいさっぱり忘れて明日から新しい自分になるぞ！」といったイメージだろうが、こういう自己改革のほとんどは失敗に終わる。

というのも、**本当に自分を変えたければ過去の自分を忘れるのではなく、理解しなければ**

ばならないからだ。自分を変えるためには過去の自分を客観的な視点から見つめ直し、自分のダメな部分、弱点をあぶり出していくという精神的にキツい作業が必要だ。自分のダメな部分、弱点を完璧に理解できて初めて、あなたはそれらを克服できるよう具体的な自己改革の計画を練ることができる。

人格というものは子どものころから長い時間をかけてじっくり熟成される。あなたの人格はあまたの過去の積み重ねによって形成されてきた。そして、それはそう簡単に変えられるものではない。よって、**自分を変えたければ己の過去によって創り上げられた人格を理解した上で計画を練らないと成功しない。**俺たちは自分の過去をなかったことにしてゼロになることはできないのだ。

自己改革とはもともと持っていた土台を崩してゼロからやり始める行為ではなく、その土台の形を理解してそこから更に積み上げていく行為なのだ。ゼロからやり始めることなんてできないのにゼロからやり始めようとするから失敗する。

人生には都合の良いリセットボタンなど存在しない。過去の自分と決別するな。過去の自分を土台にして高みを目指せ。大丈夫だ。あなたならきっとできる。

「なんとかする」と、決めない

問題に直面したとき、「なんとかする」「自分ならどんな壁でも乗り越えられる」の精神で頑張る姿勢は素晴らしい。基本姿勢はそうあるべきだとも思う。

だが、ぶっちゃけた話、**この世の中にはどう頑張っても解決できない問題、乗り越えられない問題ってのがけっこうある。**そういう出来事にぶち当たってしまったときでも「なんとかする」という気持ちを持ち続けて無理して頑張りすぎてしまうと心身がぶっ壊れてしまう。

そういう問題に直面してしまったときは開き直って気楽にいこう。最初からなんとかしようとする努力を放棄するのは間違っているが、ベストを尽くしても無理そうだったら「これぱっかりはなんともならん」と受け入れてしまうしかないのだ。どうにもならないことってあるからな。どうにもならないことで悩んでも文字通りどうにもならないのでもっと不安になったりもっとイライラするだけだよ。そういうときは心を悩ませすぎず、潔く状況を受け入れ、ジッとして嵐が過ぎ去るのを待つことも大切だ。

「なんとかする」精神の根っこには自責思考がある。「人生で起こるすべての出来事は自分の責任だ！　よって、己の努力によって解決できる！」という思考だ。

解決できない問題に直面したときにまでこの思考でいると病む。一発で病む。自責思考の対義語が他責思考。**「悪いのは自分じゃない！　○○が悪い！」**という思考だ。常にこの思考でいると人生がうまくいかないのでおススメしないが、解決できない問題に直面したときに限り他責思考を採用することをおススメしたい。「**（自分のせいじゃないし）なんともならんわ**」って感じで開き直っちゃえばいいのだ。

頑張る姿勢も大切だが、問題の性質を見極め、いい意味で諦める、受け入れる技術も身につけておこう。それではみなさん復唱してください。

無理なもんは無理！

悪口陰口嫌がらせは気にしないと、決めない

悪口陰口嫌がらせはメッチャ使える武器なので、無視するなんてもったいないことはせず利用することを推奨したい。

悪口は自分を見つめなおす良い材料になる。悪口を分析すれば第三者視点から見たあなたの欠点が浮き彫りになり、自分が直すべき癖や性格がわかる。

陰口はあなたの仲間のフリをしたフェイク野郎が誰なのかを認識するのに役立ち、そいつが裏で何を考えているのかがわかる。

嫌がらせは感情をコントロールする練習だと思え。何をされても感情的にならずキッチリ対処する練習に付き合ってくれていると思えば感謝の念すらも湧いてくる。

とはいっても、**ここまで割り切って考えられる人は少ないだろう。**そんな人には更にも

う一歩踏み込んでビジュアライズしてほしい光景がある。

古代中国の天才軍師・諸葛亮孔明《しょかつりょうこうめい》をご存じだろうか？　彼は、戦のために短期間で大量の弓矢を集めなければならなくなったときにある策を実行した。彼は20隻《せき》の船を用意して船を動かすのに必要最低限の人間だけを乗せ、あとはカカシでつくった兵隊を船の上に並べた。そして、霧が濃いときを見計らってその船を敵陣に突っ込み、敵軍にその船を弓矢で攻撃させ、適当なところで船を戻し、カカシや船に刺さった大量の弓矢をゲットするという策だ。

悪口陰口嫌がらせを受けたときはこの諸葛亮孔明の作戦をイメージしてみてほしい。弓矢が刺されば刺さるほど、あなたが使える武器が手に入るイメージだ。

そう考えればどれだけ悪口陰口嫌がらせを受けても「**しめしめ、俺に武器を与えていることにすら気づかないアホどもめ**」という心の余裕ができ、メンタルの平静を保ちながら悪口陰口嫌がらせをいなせるようになる。

利用価値があるものを見逃すのはもったいないだろ？　だからメッチャ気にかけておこうぜ。悪口陰口嫌がらせを気にしろ。

99

自分の気持ちに素直になると、決めない

人生の目標が定まっていないのなら自分の気持ちに素直になってじっくり考えて決断しよう。人生を左右する決断において他人の意見なんてそう気にするべきではない。たとえその人たちがあなたのことを本気で思って助言しているとしても、決断の全責任を負って生きていかなきゃいけないのはあなた自身なのだ。

そして、あなた以上にあなた自身のことを理解している他人など存在しない。決断するときに自分のフィーリング以上に優先すべき他人の意見など存在しない。人生を左右する大事な決断をするときは自分に１００％素直であれ。

ただし、**決断を下したあとは自分の気持ちに素直になりすぎないように注意が必要だ。**

というのも、どんな決断にもそれが原因で発生する困難は付き物で、どうしても途中でや

りたくないことや面倒だと感じることが出てくるからだ。

そこで自分の気持ちに素直になって行動していると、「今日は仕事で疲れたから資格の勉強はやめておこう」「ダイエット中だけどケーキが食べたいから食べよう」などと、目標から遠ざかる行為を頻繁に行ってしまい、結果、自分の気持ちに素直になって下した決断を踏みにじってしまうことになる。

決断を下したあと、あなたは自分の気持ちではなく決断に対して素直になるべきである。

一度決めたら振り返るべきではない。その程度の覚悟では何も成し遂げることができない。やると決めたらやり切ろう。決断の際は自分の気持ちに素直になればいいが、一度決断を下したら自分の気持ちではなく決断に対して忠誠を誓え。それができないと何しても中途半端に終わるぞ。自分の気持ちに素直になるな。自分の決断にこそ素直になれ。

今日こそは絶対に走ると決めていたのにまだ走れてないいんだけど、この原稿を書いたお蔭で気持ちが固まったぞ！　走りたくないけど俺は走る！　走るぞ！　でも今は日曜日の昼過ぎ！　道は混んでるしお外はとても暑い時間帯だからやっぱり100項目めの原稿を書いてからにしよう！

＊(編集注)のちほど確認したところ、100項目めの原稿の前に少し息抜きと思って「梨泰院クラス」という韓国のテレビドラマを見始めたら止まらなくなって走らなかったらしいです。なんならこの日は100項目めの原稿も上がってきませんでした……

第7章

筋トレしない

筋トレしないとかありえねー!

!!!!!!!!!!!!!!!

筋トレしろ

!!!!!!!!!!!!!!!

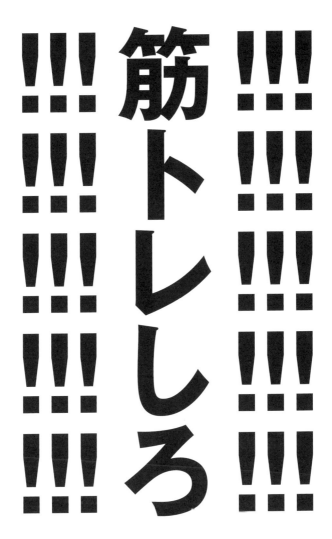

はい。「筋トレしない」とか人生の損失でしかないので私の口からはとても言えません。**筋トレは最強のソリューションなのです。**筋トレ、そして筋トレとセットと言っても過言ではない睡眠管理と食事管理（筋トレにハマると「筋肉ちゃんにとって一番良い環境を整えなくちゃ！」という思いから睡眠や食事にも自然と気を遣うようになるので安心してほしい！）をすればホルモンバランスや自律神経のバランスが整いストレスが軽減し（元も子もない話だが、思考を整えるよりも先にやらなければならないのがホルモンバランスと自律神経を整えることだ。それには規則正しい生活と適度な運動がベスト。もっとも費用対効果の高い自己投資なのでこの本のアドバイスをすべて無視してもいいからこれだけは徹底してくれ！）、健康が手に入り、日々成長する自分を好きになり自己肯定感が向上し、理想の体型が手に入り自尊心が向上し（自分の体型が好きになれないというのは自尊心の欠如のメジャーな要因だ）、筋トレで得られた成功体験により自信がつき変化を恐れないようになるから思い切ったチャレンジもできるようになり、怖い上司も取引先もいざとなれば力ずくで葬れると思うと得られる謎の全能感が手に入り、引き締まった肉体によって男も女も魅力的になってモテるようになり、万が一モテなかったとしても筋トレは一人でできるし絶対に裏切らないダンベルという恋人ができるので「まあ、ダンベルと筋肉がいるからいいや」と孤独を恐れる必要も他人の目を気にする必要もなくなる。それに、効率よく筋肉をつけるには正しい知識を身につけPDCAサイクルを回すことが超重要だから必然的にすべての物事をロジカルに考えられるようになり仕事もできるようになる。さらには毎日トレーニングを続けるための自律心も精神的なタフネスも身につく。まだまだある。健康やダイエットに興味のない人間など滅多にいないので筋トレは最強の雑談トピックにもなる。無料で体づくりのプロからアドバイスが受けられて嬉しくない人間などいないので上司だろうが取引先だろうがイチコロだ。なにより筋トレはほかのスポーツと違って運動神経やリズム感などが必要なく、場所も天気も関係なくいつでもどこでも一人でできるからフットサルみたいに他人とスケジュール調整したり場所を確保する手間もいらない。その上、「初心者だから経験者の人に迷惑を掛けるんじゃないかな」という心配も無用、そして戦うべき、超えるべき敵は昨日の自分という人生においてとても大切な概念を学ぶこともできる……もっと言えば、筋トレ（筋トレに付随する食事管理と睡眠管理も含む）は現代の日本社会に蔓延《まんえん》しているさまざまな社会問題を解決するカギでもある。筋トレによってホルモンバランスと自律神経が整えばうつ状態の人や自殺も減ることが期待できるし、おじいちゃんおばあちゃんが筋トレに励むことで健康になれれば医療費が抑制されたり介護の問題も解消され、ジムに通って新しい友だちができれば孤独死だって減るかもしれない。心身ともに万全の状態を保てればパフォーマンスが上がるので主要先進7ヶ国中で最低レベルとされている労働生産性も向上するだろう。兎にも角にも筋トレ（筋トレに付随する食事管理と睡眠管理も含む）はあまりにも最強かつスタイリッシュかつ無敵すぎてやらないことがあまりにもったいないので義務教育のカリキュラムに組み込むべきだと俺はツイッターを始めた当初から主張していて…………ハァ……ハァ……、このままいくとタイピングしている俺の指がムキムキになってしまうから今日はこの辺にしといてやる！

とにかく筋トレは素晴らしいぞ‼

さて、本も書き終わったし筋トレ行ってこよう。最後になるが、あなたのこの先の人生が最高なものになるよう心の底から願ってるぜ！　気楽にやっていこう！　そしていつかジムで会おう！　バイバイ！

Testosterone
（テストステロン）

1988年生まれ。学生時代は110キロに達する肥満児だったが、米国留学中に筋トレと出逢い、40キロ近いダイエットに成功する。日本の「筋トレ不足」を憂い、筋トレと正しい栄養学の知識を日本に普及させることをライフワークとしている。『筋トレが最強のソリューションである』（U-CAN）、『超筋トレが最強のソリューションである』『心を壊さない生き方』（文響社）、『ストレスゼロの生き方』（きずな出版）など著書多数。

ストレス革命
悩まない人の生き方

2020年9月10日　第1刷発行

著者　Testosterone
発行者　櫻井秀勲
発行所　きずな出版
東京都新宿区白銀町1-13　〒162-0816
http://kizuna-pub.jp
印刷・製本　モリモト印刷

ISBN978-4-86663-119-6